KB073797

잘~ 말이 되는

한글로 영어

잘~ 말이 되는

한글로 영어

김종성 · 장춘화 지음

한글로영어를 체험한 분들의 진솔한 후기

한글로영어 첫인상은 황당함 그 자체였습니다. '해 아래 특별한 게 있을까? 그래, 그냥 한번 해보자. 뭐가 있으니 하겠지!' 해서 선택한 한글로영어. 반복적으로 매일 읽다 보니 설거지를 하면서도 영어, 중국어 문장이 입 밖으로 툭툭 튀어나오는 것을 경험하며 와~ 이거구나 싶었습니다. (강은애)

영어에 자신이 없던 저는 영어만 보면 속이 울렁울렁 하고 쳐다보기도 싫었는데… 한글로영어?! 처음엔 '이게 맞는가', '제대로 하고 있는 건가', '남들이 비웃지는 않을까?' 많은 생각이 들었어요. 하지만 막상 해보니 '내가 여태껏 언어 공부한 것이 크게 잘못됐구나. 이 방법이 Best way가 아닌 Only way 임을 알게 되었다. (이슬기)

아이들에게 공부가 아닌 간단한 운동처럼 매일 아침저녁으로만 하면 효과가 뛰어납니다. 공부에 스트레스를 받지 않으면서 너무 쉽게 배울 수 있으니까요. 집에 놀러 온 9살 조카가 오빠들이 하는 걸 보고 "우와~ 이거 너무 쉽잖아." 처음부터 재미있어하더니 지금 너무 잘한답니다.^^ (김지연)

교재의 홍수 속에 우연히 만난 한글로영어… 외국어를 공부할 때 이 길이 최선이란 확신이 들어 믿고 실천했습니다. 특히 이번에 코로나바이러스로 어린 세 자녀와 집에 있는 시간이 길어지면서 자기주도 학습이 가능했고, 엄마인 내가 직접 지도할 수 있어 너무 귀하다는 생각입니다. (조수연)

영어를 접해보지 않은 아이들이 훨씬 더 잘 따라오고 습득이 더 빠르네요. 알파벳도 모르는 왕초보도 부담 없이 배울 수 있는 학습법입니다. 온 가족과 함께하니 사랑도 풍성해지고, 자녀들과 대화도 많아지고, 외국어 실력도 늘고, 경제적 부담도 없고, 희망이 보이는… 참 많은 유익으로 1석 10조인 듯합니다. (신옥)

한글만 알면 영어를 읽을 수 있다. 석 달째 그냥 읽기만 했다. 진짜 그냥 읽기만 했다. 근데 자연스럽게 입이 그냥 간다. 누가 가르쳐 주지 않았다. 독학으로 영어와 중국어를 하고 있다. 더 놀라운 건 내 입으로 읽은 영어가 아이의 입으로 흘러나온다는 것이다. 3개월밖에 안 했는데 내가 아이들을 가르칠 수 있다니 놀라운 일이다. (강보경)

초5 딸과 딸 친구를 1년반 정도 가르치고 있는데요. ABC도 모르고 학원을 전혀 안 다니는 애들이에요. 애들이 카이유를 하니까 말을 응용해서 하게 되구요. 이솝을 하고나서는 리더스북을 읽을 정도가 됐어요. 파닉스 안해도 읽는 법을 저절로 터득하네요.. 학교 영어수업은 쉽다 그러고요. 친구들은 학원다니느라 바쁜데 우리 애들은 집에서 편안히 맛있는 거 먹으면서 즐겁게 공부해요. (이지혜 남양주지사)

한글로 영어의 확신이 생겼다. 한글로 발음이 다 적혀 있으니 발음이 틀릴까 하는 부담도 없고, 공부하는데 있어 훨씬 편안했다. 영어 중국어 러시아어를 한방에 할 수 있는 그런 기적과 같은 외국어 훈련법이다. 그동안 20여 개국 돌아다녀 봤지만 말 한마디 못했던 내가 한심했다. 하지만 이제 자신감이 생겼다. (천안지사)

영어는 연음이 매우 많다. 그래서 연음을 입으로 익히지 않으면 절대 영어 소리 듣기가 어렵다. 그런데 한글로영어 교재에 달린 한글발음은 영어의 정확한 발음과 자연스러운 연음 처리를 다 해놓아서 탁월했다. 한글로영어가 인간의 뇌 구조에 가장 적합한 방식이다. (봉화지부)

남편은 영어를 어느 정도는 하는 사람입니다. 하지만 회사 영어 화상회의 참석할 때도 늘 부담감과 어느 수준 이상에는 허들이 있었다네요. 한글로영어를 하고부터 회의나 강의 중 영어가 너무 잘 들린다며 신기해하며 어느 때보다 더 열심히 훈련하고 있습니다. 아마 연음 처리가 너무 잘 돼서 그동안 안 들렸던 소리가 들리면서 귀가 트인 거 같다고 말하네요. (전선령)

어느 나라든지 아이들이 모국어를 말로 먼저 익힌 후, 글 배우듯 언어학습의 바른 순서인 한글로영어! 엄마가 읽어서 아이의 입에서 흘러나오게끔 문장을 넣어주면 된다. 지금까지 잘못된 방법으로 효과가 별로 없었다면 왜 새로운 방법으로 시도해보지 않는가? 영어교육을 전공하고 10년간 이 분야에서 일한 사람으로 감히 말한다. 한글로영어가 최고의 학습법이고 효과가 탁월하다고. (임혜림)

들어가는 글

만약 불치의 전염병으로 사람이 죽어가고 있는데 이 사람들을 살릴 수 있는 신기한 약을 찾아냈다면, 당신은 어떻게 하겠는가?

만약 당신이 밭을 갈다가 흙 속에서 보물을 발견했다면 어떻게 하겠는가?

저희 부부는 이 놀라운 약을 찾아냈다. 1차 자녀에게 실험해 성공했고, 2차 더 많은 사람에게 적용해 기적 같은 일들이 일어났다. 이 약의 재료가 '한글'이었다.

한국 교육 현실을 보면 심각 단계를 넘어 위기 단계다.

1년에 영어와 사교육비로 20조를 허비하는 나라, 이렇게 했는데 영어 말하기가 157개국 중 소말리아 해적보다 더 못한

121위다. IQ 테스트로 세계 1위, 영어교육비도 세계 1위, 그런데 말하기는 세계에서 꼴찌 수준이라니 말이 되는가.

이쯤이면 교육 방법적으로나 구조적으로 뭔가 심각한 문제가 있지 않는가? 대체 교육부 담당자들은 이 심각한 문제를 모르고 방치하고 있단 말인가? 아니었다. 그들도 심각히 고민하고 있었지만, 구조적인 문제에 특별한 대안을 찾지 못했다.

의식 있는 몇몇 교육감이 '한글로영어' 효과를 알게 되어 해당 시도 학교에 도입하려고 지시를 내렸다. 하지만 늘 계란으로 바위 깨기 식이었다. 담당 장학사, 각 학교 영어 교사에게 '한글로영어'를 이해시키기가 힘들었다. 무엇보다 높은 벽은 역시 학부모였다. 뒤에 고정관념과 대입 수능이 있었다.

전국의 여러 학교 전교생 대상으로 공개강좌를 했다. 강의 후 학생들은 '한글로영어'를 하고 싶어 눈이 반짝반짝 난리였다. 하지만 모든 학교마다 바위에 가로막혔다.

한번은 전국 1등 명문의 외고 교장 선생님이 학교에 도입하려고 했다. 이유인즉 80%의 학생은 해외 생활로 영어가 되지만, 20%의 지방학교 1등으로 선발되어 온 말 못 하는 차 상위학생을 위해 도입하려 했다. 그런데 또다시 바위에 막혔다. 영어선생님들이 목숨 걸고 반대했다. 그때 교장과 교감 선생님 간 대화에서, "솔직히 우리 둘 다 영어 선생 출신인데 말은 잘 못 하잖아. 이번에 학생들을 위해서 한번 도입해 보려했는데." 역시 명문고 교장님다운 면모에 감동만 받고 돌아왔다.

인공지능(AI), 디지털, 온라인, 에듀테크… 지금 교육 현장의 가장 큰 화두다. 최첨단 기술이 교육에 도입되면서 국민들이 상상도 못할 정도로 발전되었다. 단지 기존 학교 시스템이 여길 따라가질 못한다.

외국은 그렇지 않다. 대표적으로 미네르바스쿨, MIT미디어랩, 싱귤레리티대학, 앨트스쿨, 에꼴42, 스탠퍼드사이버대학 이런 학교는 벌써 디지털혁명 시대에 틀을 완전히 바꾼 학교들이다. 10년 후 세계 인재는 대부분 이곳에서 배출될 거라 예측한다.

4차 산업 시대는 이미 시작되었고 세계 각 나라는 먹거리를 위해 각자도생 한발 빠르게 움직인다. 베트남 학교에 갔더니 영어와 한국어까지 어찌 그리 잘하는지 감동이었다. 몽골에 가도 역시 마찬가지다. 한국의 학생과 청년들이 비교되어 가슴이 아팠다.

우리 한반도는 삼면이 바다고 북쪽마저 막혀있는 고립된 섬나라다. 110만 명의 청년들이 일자리를 못 찾아 이 좁은 땅 안에서 방황하고 있다. 연애와 결혼, 출산을 포기한 '3포 시대' 청년이다. 일자리가 없으니 연애와 결혼을 못 하고, 어떻게 결혼을 했다 해도 교육비가 2억이라니 지레 아이를 안 낳는 나라다.

만약에 우리 자녀가 영어와 중국어, 제3외국어를 좔~ 말할 수 있게 된다면 어떤 일이 생길까? 상상이 안되고 말도 안된다고 생각하는가? 아니, 말이 좔~되는 일이 있다.

사람 살리는 약이 무엇인가? 땅속에서 찾아낸 보물이 무엇인가? '한글'이었다. 세종께서 남기신 '한글' 때문에 한국인은 진짜 '대박'이다. 청년을 살리고 평생 먹고 살 재산이다. 한글로 해보면 과연 "흙 속에 보물"이란 말이 이해된다. 힘 드는 것은 내 생각 속 고정관념이라는 흙을 털어내는 일이었다.

"개천에 용 안 난다. 대신 붕어 가재 개구리로 행복하면 된다." 이처럼 젊은이 기를 꺾는 말이 어디 있나? 부디 귀를 씻어버리고 머릿속에 흔적조차 지워라.

혹 이 말을 믿고, "난 흙수저라서 쟤네 금수저를 어찌 따라 갈 수 있을까"라 생각하는가? 아니다, 세상이 크게 바뀌었다.

최근 금수저 위에 '다이아몬드 수저'가 나왔다. 모양은 흙수저인데 그 힘은 기적을 일으키는 '마법 수저'다.

페이스북 개발자 마크 주커버그, 스냅챗의 에반 스피겔, 에어비엔비 조 게이바와 그 친구들, 우버의 트레비스 캘라닉… 모두 세계 벼락부자들이 '마법 수저'들이다.

이들의 특징은, 대부분 흙수저 출신이었고, 외국어를 장착

했고, 대학 졸업장 대신에 10대 20대에 남이 안가는 쪽으로 걸어갔고, 30대에 최고부자가 되었다. 흙 속에 다이아몬드들이다.

"Realization=Vivid Dream, 생생히 꿈을 꾸면 현실이 된다."라는 말이 있다. "생생히Vivid"는 심리용어로 '심상화'다. 비록 개천에 살고 있지만 하늘을 나는 꿈을 꾸는 것이다. 늘 마음에 그림을 그리고 날마다 외국어 연습을 하면, 어느 날 갑자기 하늘을 나는 날이 오게 된다. 준비된 자는 기회가 왔을 때 날 수 있지만, 준비 안 된 자는 기회가 와도 날개가 없다.

외국어 말문 트는 길에 한 사람도 예외 없이, 반드시 거치는 곳이 있다. 바로 "낙담의 골짜기Valley of disappointment"이다. 이 골짜기는 사막같이 지루하지 않다. 단지 산이 앞을 가려 안 보일 뿐이다. 낙담하지 않고 석 달 훈련, 120시간을 채우면 된다.

주역周易 첫 장 건괘乾卦에, 용이 물속에 끝까지 숨죽여 웅크리다가 마지막 때가 차서 드디어 '비룡재천飛龍在天'하게 된다. 실제로 우리는 참고 웅크린 개구리가 멀리 뛰는 것을 보게 된다. 몇 번 훼방을 해도 꼼짝하지 않고 웅크리고 있지만 때가 되면 누구도 따라잡지 못하게 멀리 뛰는 것이다. 이처럼 웅크림의 시간이 있어야 한다. 비록 작게 시작하지만, 웅크림의 시간이 있어야 높이 뛰어오르게 될 날이 오는 것이다.

대한민국 학생과 청년만이 아니다. 정년 은퇴하는 아빠들, 아이 키우는 엄마들에게도 '한글로영어' 학습법이 새로운 도약의 날개가 될 것을 분명히 약속한다.

2020년 겨울, 서울역 앞 한글로영어훈련소

김종성 장춘화

차례

체험 후기 4
들어가는 글 6

Chapter Ⅰ 말이 안 되는 식민지영어

분노로 쓴 책 17
한국에서 영어가 안 되었던 이유 20
지금은 영어 식민지 시대 25
우리는 아직도 세뇌당하고 있다 31
비밀리 진행해 온 한글프로젝트 39
반대 상소문을 통해 보게 되는 오늘의 한국영어 44
한글은 발음기호로 시작됐다는 이론 51
『노걸대老乞大』 원본 발견으로 알게 된 것 57
외국인이 와서 발견한 한국 보물 1호 63
영어에 한글 토 달다가 얻어맞게 된 이유가 있었다 71
아직도 식민지법에서 해방되지 못한 교육법 77
"학교종이 땡땡땡" 공교육은 끝났다 80
유대인 학습법과 같은 한글로영어 학습법 88
미국 가면 거지도 하는 영어, 왜 안되는 거지? 95
꼴통, 시골학교 꼴찌가 5개국어 통역병이 되다 101
원어민도 깜짝 놀란 기적의 한글로영어 113
뇌 과학이 증명하는 한글로영어 학습법 120
장난감보다 더 재밌다는 6개국어 사운드북 124
외국어학습에 필히 한글 사용해야 하는 네 가지 이유 130
한글로 모든 말을 다 표기할 수 있다 137
한글로 하면, 모든 엄마 자기자녀 지도 한다 142
돈 버는 학습법, 7만개 일자리 창출 146
탁월한 한글로, 탁월한 교재 개발 151
6개국어 교재를 개발하다 160

Chapter 2 쫠~ 말이 되는 한글로영어

한국인 체질에 맞는 학습법 한글로영어 171
아이가 말 배우듯 소리로 말 익혀야 한다 177
열 번 소리 내 읽으면 입에 착착 귀에 쏙쏙 183
한글로 하면 발음이 원어민 190
말로 하면 글과 문법이 너~무 쉬워진다 194
소리로 하는 기적의 단어 암기법 201
스토리, 문법, 패턴, 단어로 언어의 폭을 넓히라 206
자녀에게 영어 중국어 제3외국어까지 시켜라 211
언어의 기적 시기, 초등학교 때를 놓치지 말라 215
편견만 버리면 어른도 영어 중국어 동시에 한다 221
한글로 자신 있게 낭독훈련shadow speaking하라 224
한글로영어로 꼴찌가 단숨에 전교1등이 된 사건 228
한글로영어는 뇌 과학적으로 올바른 학습법 231
글에서 눈 떼고 말할 수 있어야 완성이다 240
작심삼일을 이기는 '습관' 들이기 246
첫째, 작게 시작하라 252
둘째, 환경을 바꾸라 257
셋째, 재미있게 하라 261
말문트기 다음 단계, 토론debate도 가능하다 266
〈한·영·중 Bible Championship 대회〉사람을 찾습니다 275
세상에 이보다 나은 학습법은 없다 278

Chapter 3 한글로영어 질문과 답변

한글로영어 맛보기

참고문헌 308

말이 안 되는 식민지 영어

한글로영어는 너무 쉽다. 공부가 아니기 때문이다. 영어 깡통도 말할 수 있고, 학교 꼴찌도 정확한 발음으로 말할 수 있으니 자신감이 넘친다. 성격이 달라지고 덩달아 다른 성적까지 올라간다. 영어 스트레스를 한 방에 날려버린다.

기존 학습법은 10년을 공부해도 말 못 하는 것은 늘 똑같다. 한글로영어는 하루하루가 달라진다. 하루 입으로 안 하면 진짜 입에 가시가 돋듯이 표시가 바로 난다. 내 진도를 알 수 있고 내 수준을 알게 된다. 오랜 시간이 걸리지 않고, 3개월 훈련하면 발음이 잡히면서 말문이 터진다.

분노로 쓴 책

사실 이 책은 화가 나서 썼다. 필자는 그 흔한 영어를 전공한 자도 아니다. 그렇다고 외국 유학을 다녀온 경험도 없다. 중학교 때부터 영어가 싫어 포기했고, 영어가 싫어 영어를 안 해도 되는 역사교육을 전공했던 사람이다. 이후 목사 남편을 따라 반딧불이 날아다니는 시골에서 20년간 살았다. 이런 사람이 어찌 영어책을 쓸 생각이나 했겠으며, 그것도 가장 어렵게 느껴지는 외국어 학습방법에 관한 책을 말이다.

하지만 열악한 시골 환경에서 자녀를 키우면서 얼마든지 돈 안 들이고 재미있게, 그것도 영어·중국어 그리고 또 다른 외국어를 줄줄이 말부터 쉽게 가르칠 수 있는 방법을 알게 되었다. 그래서 쓴 책이 10년 전『원어민도 깜짝 놀란 기적의 한글영어』였다. 외국어 분야 1위 자리를 두 주간이나 달린 베스트셀러였다. 전국적인 반향이 컸다.

이후, 20년의 긴 시골 목회 생활을 마치고 서울로 이사를 왔다. 남편은 그가 전공한 심신의학 교수로 일하고 나는 한글로영어를 시작했다. 그런데 외국어학습의 메카와 같은 서울 종로에 와서 영어교육의 현실을 더욱 가까이서 보게 되었다. 너무나 충격적이었다.

우리나라 유명한 외국어사 개발자를 보니 거의 모두가 일찍이 해외로 이민 갔다 왔었거나, 아니면 미국에 유학 가서 힘들게 영어를 뚫어왔던 사람들이었다. 그리고 그곳에서 배웠던 외국어학습 방법대로 교재를 만들어 한국 학생들에게 가르쳐 왔던 것이다. 과연 미국식 학습법이 영어 말 한마디도 못하는 우리 한국인에게 맞는 학습법일까?

그걸 바로 확인해 보는 멋진 방법이 있다. 개발자가 자기 자녀들에게 외국어를 어떻게 가르쳤는지 알아보면 되었다. 자기 학습법이 최고라면 그 방법대로 자녀를 가르쳐야 하는 게 아닌가? 과연 자기 학습법으로 가르쳤을까? 아니었다. 말도 안 되는 학습법으로 돈 벌어 자기자녀 만큼은 해외로 유학시켰음을 보게 되었다. 돈은 벌 수 있었겠지만 전 국민을 벙어리영어로 만든 책임은 피할 수 없다고 본다. 그래서 화가 났다.

한번은 우리 부부가 한글로영어 학습법 공개강좌를 마치고 났더니, 국내에서 이름난 영어개발자 한 분이 조용히 와서 이렇게 말했다.

"한국 내에서 어떤 영어학습법으로든 3%의 사람만이라도 말이 뚫리면 정말 대박 납니다. 국내에선 해도 해도 안 되기 때문에 돈 들여 해외로 내보내는 겁니다. 그런데 내가 강의를 들어보니 한글로영어 학습법이 진짜 정답이 맞습니다. 이렇게 해야 말이 됩니다. 문제는 이 한글로 학습법을 한국인에게 이해시키기가 아마 하늘의 별 따기만큼 어려울 겁니다."라 말했다.

지나고 보니 그분 말대로 과연 그랬다. 한국인이 우리 한글을 가장 우습게 여겼다.

"영어는 영어로 해야지. 어떻게 한글로 말해?"

하지만 저희 자녀는 한국 그것도 시골에서 한글로영어 학습법으로 영어, 중국어를 거의 원어민 수준같이 말하고, 일어 스페인어는 소통이 되고, 러시아어는 아직 초보다. 한글로 했더니 발음은 원어민같이 정확하다.

가령 개발자 장춘화 원장이 영어 전공자였다면, 미국에 유학했더라면, 서울에 살았더라면, 돈이 많았더라면, 아이 머리가 좋았더라면, 절대 한글로영어가 나올 수 없었을 것이다. 대신 반딧불 나는 시골에서, 영어가 싫어 역사를 전공한 자로, 놀기 좋아하는 두 아이 키우며, 교육문제로 심각히 고민하다가, 마침내 '한글로영어'가 나오게 된 것이다.

한국에서 영어가 안 되었던 이유

말이란 누구나 부모에게 돈 안 들이고 쉽게 배울 수 있는 것 아닌가? 국내에서는 이렇게 엄청난 돈을 들여서 영어를 가르쳤는데 왜 말이 안 되는 것인가?

기사 하나를 소개해 보겠다.

> "최고 월 203만 원" 대학보다 비싼 영어유치원 성업중.
>
> – 영어 유치원 전국 410곳 성업… 시장규모 2500억원
>
> – 평균 년 648만원으로 대학등록금보다 비싼 교습비
>
> – 최고 월 203만 원짜리 종일반 유치원도 성업
>
> 영어유치원의 종일반 수강료가 최고 월 203만 원에 달하는 것으로 나타났다. 영어 유치원은 전국 410곳에 성업 중이며 연간 시장규모는 2500억 원에 달한다. 유아대상 영어유치원의 월 수강료는 57만원이다. 연간 기준 648만 원으로 올해 대학 연평균 등

록금 637만원보다 비싸다. 6~7세 대상 종일반 수강료 중 최고가는 월 203만 원에 달했다. 그럼에도 불구하고 전국에서 410곳이 운영될 정도로 영어유치원이 성업 중이다.

이데일리 (신하영 기자) 2016. 9. 21

이렇게 큰돈 들인다고 과연 얼마나 말이 될까?

영어를 가르치는 유치원 몇 군데를 가봤다. 선생님이 말하고 아이들은 말할 기회가 없었다. 대부분 시간에 그림과 글씨에 줄긋기로 시간을 보냈다. 이 아이들이 집에 가서 영어 몇 마디 말한다고 엄마들이 그것에 만족했다. 그래서 영어가 되는 게 아닌데 말이다.

한국 교육 개발원 통계에 의하면, 2004년부터 지금까지 유학이나 언어연수로 지출된 비용이 연평균 150억 달러(약 18조 원)란다. 한 해 동안 우리나라가 무역으로 벌어들인 외화흑자가 155억 달러라고 하니, 아빠가 한 해 동안 땀 흘려 외국서 벌어들인 돈을 일부 국민이 자식 영어 공부 시키는데 다 써버린 셈이다. 이 얼마나 기막힌 현실인가!

종로와 서울역 앞에서 10년간 한글로영어 학습법을 소개해왔다. 그런데 또다시 충격이었다. 한국인은 왜 이렇게 우리 한글을 우습게 여기는 것일까? 반대로 영어는 왜 이렇게 우상이

공개강의

되어 떠받들고 있는 것일까? 한국인으로 외국에 몇년간 공부를 하고 와서도 생각보다 말은 잘 못하는 편이다. 일부지만 공부조차 못하고 어영부영 외국물만 먹고 돌아와 몇 마디 말하는 것을 보면, 말 못하는 국내의 사람들 보기엔 잘하는 줄 알고 부러움의 대상이다. 신판 사대주의에 빠져 있는 한국 현실에 한글을 창제하신 세종대왕을 생각하니 가슴이 저리도록 아파졌다.

미국 가면 거지도 좔좔하는 영어인데, 세계 모든 나라가 자기나라 글로 외국어를 배우는데, 그래서 그들은 몇 달 만에 외국생활에 불편함 없이 말을 막 하는데, 우리는 왜 세계 최고의 소리글자 한글을 가지고도 말 한마디도 못 하게 된 것일까? 이 기막힌 현실 앞에 너무나 화가 났다.

목이 터져라 이 현실을 외쳐봤지만, 하면 할수록 한글(?)이라는 편견의 벽이 너무 높아 수없이 포기하고 또 포기하려 했다. "내가 뭐라고, 우리 애들만 성공했으면 됐지."

우리 자녀 둘은 한글로영어 방법으로 영어와 중국어를 모국어처럼 말하면 되지 않는가.

아들은 국내에서 고등학교를 마치고 수능시험을 보고, 그 어렵다는 중국 상해교통대학교 기계공학을 4년간 국비 장학금 받으며 졸업했다. 한국에 와서는 통역병 시험에 합격하고 영어통역병으로 병무를 마쳤다. 중국에서 유학했는데도 통역병시험 지원은 일부러 영어를 선택했다.

한글로영어 방법으로 영어 중국어뿐만 아니라 스페인어 일본어도 제법 구사한다. 요즘같이 청년 일자리 구하기가 힘들다는 이때 국가 협력 기관에서 일하고 있다.

누나 시인이도 마찬가지로 4개 국어를 말할 수 있다. 국내 한양대에서 대학을 마치고 중국 최고의 북경 대외경제무역대학원에서 경제무역을 전공했다. 중국에서 국영기관에서, 홍콩에서는 세계적 무역회사에서 일했고, 지금은 한국에 들어와 프리랜서로 일하려고 그 어려운 보건복지부 주최 의료통역시험 1,2차 시험에 한꺼번에 합격했다.

청년 일자리 구하기가 힘든 이때 저희 자녀는 다개국어로 말할 수 있으니 세계 곳곳에서 좋은 조건으로 부르고 있다.

이제는 청년이 된 아들 친구들이 여기저기서 찾아왔다. 자기도 범석이처럼 영어와 중국어를 잘해보고 싶다고. 다시 주변을 둘러보게 되었다. 하늘의 별 따기처럼 힘든 공무원이 되어 보려고 새벽부터 퀭 한 얼굴로 학원으로 몰려가는 이 불쌍한 청년들, 최고학력에다 스펙까지 쌓아 대기업에 겨우 들어갔는데 외국어가 안 돼 1년도 못 버티고 나오는 안타까운 현실들, 기업이나 대학입학 시험은 이미 실용 영어로 바뀌었는데 아직도 말 못하는 문법식 영어에 묶여 있는 아이들… 그래서 다시 용기를 내어『좔~ 말이 되는 한글로영어』를 쓰게 되었다.

지금은 영어 식민지 시대

한글로영어 학습법을 제대로 이해하지 못하는 한국의 엄마들 간에 왈가불가하는 말들을 경청해 들어 봤다.

헉! 절대 반대입니다. 5세 유치원에서도 이러지 않을 텐데요? 알파벳을 알지 못하고 오는 애들을 위해 써 주신 것 같아요. 어릴 때 1년 넘게 파닉스로 겨우 잡아놓은 발음을 다 깨버려 역효과가 날까 걱정 이예요. 저희 세대에도 이렇게 안 한 건데~ 뭔가 하향평준화 되는 느낌?! 어쩔 수 없네요.

전 조심스럽게 찬성합니다. 20년 넘게 중학교 영어 선생으로 있었지요. 영어 발음 적는 걸 무조건 수준 낮게만 볼 수 없어요. 시골 중학교 중1을 맡을 때, 인칭대명사로 한 학기 끝까지 계속 반복시켰습니다. 중3이 돼서 다시 만났는데, 어느 정도 알겠지 했는데 아직 그대로였습니다. 몇몇 집중력 좋은 아이 외에 집중력 없고 공부 머리 없는 아이는 어떻게 해야 하나요? 그들도 배우려고 왔는데 말이죠. 전 매 영어 시간마다 칠판 한쪽에 영어랑 한글발음을 적어 줬어요. 영포자를 구하는 것은 라이언 일병 구하기였습니다. 교사 10년이 지나면서 알게 된 것은 이렇게 했던 아이들이 영어에 흥미를 붙이고 말하기에 자신감이 있었습니다.

저는 반대예요. 제 아이는 아직 초3이라 앞으로 어떨지 기대 반 걱정 반입니다. 초3에 영어를 처음 배우는데 아이들 편차가 너무 심하대요. 저희 아이가 처음 영어 시간에 영어 잘하는 몇 아이를 보고 깜놀 했대요. 우리같이 수준 낮은 애들은 어떻게 해야 하나요. 한글로영어? 파닉스를 한글로 쉽게 풀어놓은 방법인 것 같은데 검증도 안 된 학습법에 우리 아이 장래를 걸 수는 없지요.

저는 한글로영어가 뭔지도 몰라요. 솔직히 한국 공교육 자체를 반대해요. 저희는 지방 소도시로 어디보다 교육에 열악하고, 부모 관심과 관리는 커녕 겨우 밥만 먹이고 사는 지역으로 중학생 영어 실력이 바닥인데 깜짝 놀라실 거예요. 영어는 돈과 비례한다잖아요. 한글로영어도 수많은 것 중 하나겠죠 뭐.

저도 반대입니다. 저는 대치동 학원가 접근한 지역에 삽니다. 이곳엔 원서를 줄줄 읽는 아이들과 완전 바닥인 아이들로 반반입니다. 있는 집 부모들은 현재 공교육 수준이 이 정도구나! 그냥 무시하고, 비싼 사교육에다 방학마다 아이를 해외로 내 보냅니다. 한글로영어, 국내에선 말 뚫기가 절대 어렵다고 봅니다.

이렇게 한국의 30~40대 엄마들은 자기 자녀 영어 문제로 고민하고 있다. 이렇게 해야 하나 저렇게 해야 하나? 이웃 누구네 아이는 무슨 영어시험 잘 봤다는데 한 달 학원비는 얼마래. 한글로영어 해서 학교 성적을 올릴 수 있을까? 과연 말이 될까? 나도 남들처럼 애 데리고 외국 나가야 하나?

이런 온갖 걱정에 매일 오전 시간은 동네 엄마들끼리 모여 이런저런 정보를 찾으러 돌아다닌다.

한번은 한글로영어 공개강좌에 서울 근교에 있는 학원 원장이 찾아왔다. 원생이 5백 명이나 되는 유명 학원 원장이었다. 깜짝 놀라 어떻게 그 많은 학생을 모을 수 있었나 물어보았다. 원장은 오히려 학생에게 영어로 말하게 하는 게 어려운 것이지, 학생 모으는 것은 간단 하단다. 홍보 전단 앞에 잘생긴 외국인 교사 얼굴을 쫙~ 깔아 도배해 놓으면 엄마들이 몰려온단다. 와서 엄마들이 조용히 부탁하길 “우리 애는 잘생긴 백인 선생님 반에 넣어 주세요.”라 부탁한단다. 우리 무의식에는 은연중 인종적 우월성과 언어 간 위계질서가 숨어 있음을 확인하게 되었다.

한글로영어가 미국 교민들 사이에서도 알려져 공개강좌로 미국에 여러 번 방문할 기회가 있었다. 가서 깜짝 놀랄 사실을 보게 되었다. 미국 가면 대부분 영어를 잘할 거라 생각했는데, 30~40년 생활해도 아직 영어를 못 하고 있다는 것이었다. 영어에 대한 스트레스가 고국 땅보다 훨씬 심각했다.

진짜 놀라운 것은, 자녀들이 영어는 잘하는데 문제는 한국말을 전혀 못 한다는 사실이다. 집에서 자녀가 엄마·아빠와 깊은 대화를 못 나누고 있었다. 예배도 이민 1세대 어른은 한국어 예배, 이민 1.5세대와 2세대는 영어예배로 따로 모인다. 말이 안 통하니 모든 일이 따로따로 였다.

왜 그런가를 알아보니, 엄마들이 한국말을 하면 무시당할 것 같아 일부러 가르치지 않았단다. 고정관념 때문이었다.

지금은 미국 사회에서 외국인들이 "너희들은 한국인인데 왜 한국말은 못 해? 영어밖에 못하는 한국인이라면 왜 구태여 너희를 써야 해?"라 오히려 무시를 당한다는 것이다.

그래서 늦었지만, 요즘은 교민사회 곳곳에서 한글학교 붐이 일어나고 있다.

영어가 갑이면 우리말은 을인가? 언어 간에 우열이 있는가? 영어는 힘센 언어이고, 영어를 잘하는 사람을 보면 왠지 '있어 보인다'는 생각은 왜일까?

영어공부 열심히 하는 이유를 들어보면 "나중에 취업이 잘 되니까…"라는 생각을 갖고 있다. 그런 반면 다른 제2외국어, 독일어 중국어 일본어…는 다르다.

윤지관 씨의 『영어, 내 마음의 식민주의』에서 내 마음 한구석에 영어에 대한 열망과 식민주의적 근성이 숨어있다고 지적했다. 세종대왕께서 이렇게 탁월한 한글을 유산으로 남기셨는데도, 이후 450년 동안 우리 한글은 기방의 여자들이 주고받는 연애편지에나, 문간 상놈들이 모여 시시덕거리며 읽던 천박한 소설에 사용되는 글이 되고 말았다. 대신 글깨나 안다는 사람이 붓으로 한문을 휘갈기며 쓰는 것을 볼 때 와~ 대단하다며 부러워했다.

대신 한글로 쓰면 한 수 아래로 보았던 것이다. 수천 년간 중국의 변방에 붙어있던 작은 나라로서 모화사상, 사대주의 정신에 깊게 뿌리 박혀 있어서인가? 오히려 우리가 세계의 중심 국가라는 생각을 왜 해내지 못했던가?

필자가 터득한 기막힌 영어교육 방법을 사람들에게 '한글로 영어'라 말하면, 백의 백 사람들의 첫 번째 반응이 "피~ 말도 안 된다" 그런다. 정말 백의 백 사람으로 한 사람도 예외가 없었다. 참으로 슬프고 가슴 아픈 일이다.

그다음 반응은? 한글로 하면 콩글리시가 되는 게 아닌가 묻는다. 대답은 절대 콩글리시가 아니다. 반대로 이렇게 해야 원어민 발음에 가장 가까운 발음에 말을 좔~할 수 있는 것이다.

사람들에게 다시 한글로영어의 특징과 영어학습에 한글의 효용성을 자세히 설명해 준다. 그러면 대부분 사람의 두 번째 반응이 "와~ 이것이 진짜라면 정말 영어가 좔좔~ 되겠네"라 말한다.

세종대왕께서 우리 민족에게 유산으로 남기신 기막힌 '한글로영어', 누가 그랬나. "영어 공부에 왕도王道가 없다"고? 아니다. "영어 공부에 왕도王道가 있다." 그 왕도는 세종대왕이 우리에게 유산으로 남기신 '한글'로 하는 길이다.

우리는 아직도 세뇌당하고 있다

우리나라는 모국어인 한글로 외국어를 하면 왜 안 된다고 생각했을까? 한국의 영어교육 역사를 거슬러 올라가 봤다. 가슴 아픈 사건이 역사 속에 숨겨져 있었다.

생각 좀 해 보자.

중고등학교 시절 영어에 한글 토를 달고 공부하다 선생님께 혼난 적이 있었는가? 영어에 한글 토를 달면 왜 안 된다 생각했는가?

확인해 보니 이것이 일본 강점기에 한글 말살 정책에서 비롯되었다. 일제 전 19세기 말 박영효, 서재필, 이준, 이승만… 이분들은 모두 한글 소리로 익혀 영어를 탁월하게 말했다.

하지만 일제 35년간 일본 식민지교육으로 전 국민을 벙어리로 만들어 놓았던 것이다. 우리에게 영어를 가르쳤던 선생님 위의 선생님들은 모두 일제 치하에서 일본식 교육을 받았던 사람이었다. 그때 한글 말살 정책으로 한글을 쓰면 죽도록 얻어맞았다. 그래서 그때 배운 선생들은 자기들이 배운 그대로, 학생들이 영어에 한글 발음을 쓰면 이유도 모르고 그냥 때렸다. 일본강점기 영어선생의 그 제자가 영어 선생이 되었고, 또 그 제자의 제자가 우리 영어 선생이 되었다. 그리고 이유도 없이 때렸다.

일제 잔재가 아직도 우리에게 남아서 그랬다. 1945년 해방은 되었지만, 영어교육만큼은 해방되지 못해 아직도 우스꽝스러운 '제패니쉬'를 답습하고 있다.(EBS TV '조선의 영어교육'인용).

런던 경영대학원 게리 해멀Gary Hamel 교수와 미시간 경영대학원 프라할라드C. K. Prahalad 교수가 공동으로 재미난 실험을 했다. 『미래를 위한 경쟁: Competing for the Future』에 나오는 〈원숭이와 사다리 위의 바나나실험〉이다.

원숭이 5마리를 우리 안에 넣었다. 우리 안쪽에 사다리를 놓았고 그 위에 바나나를 놓았다. 원숭이 중 한 마리가 바나나를 얻기 위해 사다리에 올라가려 할 때마다 나머지 원숭이들에게 차가운 물을 뿌렸다.

이것을 반복했다. 마침내 원숭이들이 학습되었다. 사다리 위의 바나나는 가지면 안 되는 것으로! 이후 물을 뿌리지 않아도,

한 원숭이가 사다리를 오르면 나머지 원숭이들이 오르지 못하게 공격 해댔다.

그다음 우리 안에 원숭이 한 마리를 새로운 원숭이로 바꿔 넣었다. 새 원숭이는 바나나를 보자 이를 모르고 즉시 사다리를 오르려 했다. 그러나 새 원숭이가 사다리에 올라가려 할 때마다 나머지 원숭이들로부터 공격 해댔다. 곧 새 원숭이는 사다리에 절대 올라가지 않게 되었다. 왜 자신이 공격을 받았는지 이유조차 알지 못하면서 말이다.

그다음 과학자들은 또 새 원숭이들을 교체해 넣었고, 동일한 일이 벌어졌다. 늦게 들어온 원숭이가 오히려 더 주도적으로 신입 원숭이 벌주는 데 앞장섰다.

세대가 다 교체되었다. 그럼에 불구하고 모든 원숭이는 사다리를 오르려는 새 원숭이를 공격하길 계속했다. 만약 원숭이들에게 바나나를 가지려는 친구 원숭이를 왜 공격했는지 묻는다면, 그들은 아마 이렇게 대답했을 것이다. "나도 몰라, 여기에서는 늘 해오던 방식이야!"

이것이 일제가 자행해온 무서운 세뇌술이다. 여기 사다리 위의 바나나 대신에 영어를 올려 놓아보라. 지금 영어는 오르지 못할 우상이 되고 말았다.

1945년 일제 해방이 되었다. 일본이 패하고 한국 땅을 떠날 때, 일본의 마지막 총리 아베 노부유키가 이렇게 말했다.

"우리는 패했지만, 조선은 승리한 게 아니다. 장담하건대 조선

국민이 제정신을 차리고 위대했던 옛 조선의 영광을 되찾으려면 100년이란 세월이 훨씬 걸릴 것이다. 우리 일본은 조선에 총과 대포보다 더 무서운 식민교육을 심어 놓았다. 결국, 서로 이간질

하고 노예적 삶을 살 것이다. 보라, 조선은 실로 위대했고 찬란했지만, 현재 조선은 결국 식민교육의 노예로 전락할 것이다. 그리고 나 아베 노부유키는 다시 돌아온다."

일본은 식민지교육으로 우리를 세뇌해 놓았는데, 우리는 지금 세뇌가 되었는지조차 모르고 있을 뿐이다.

역사를 공부해 보면, 이미 일본은 합방 전 민속학자들을 보내 마을마다 누구를 포섭해 움직여야 하는지 미리 조사하게 했고, 또 사상통제를 위해 책을 없애고 역사를 날조하게 했다. 마침내 일제 35년간 세뇌 교육으로 우리 눈은 완전히 감기게 되었는데 75년이 지난 지금도 그 영향권에서 벗어나지 못하고 있다는 안타까운 현실이다.

세뇌란 안에 있을 때는 모른다. 밖으로 빠져나오면 "아이코~ 내가 지금까지 이토록 바보 같은 삶을 살았었구나."라 깨닫게 된다.

"내가 최면에 걸렸다고요?"

"내가 세뇌를 당하고 있다고요?"

"그럴 리가요! 내 머릿속은 지금 아주 맑고 또렷하다고요!"

자신이 지금 누군가에 의해 통제당하고 있다는 사실을 믿는 사람은 거의 없다. 왜냐하면 세뇌는 사람의 무의식을 조종하는 것이고, 또 무의식을 의식으로는 알아차리지 못하기 때문이다.

식민지 시대 지배자들은 이를 교묘히 이용했다. 세뇌를 당하면 더욱 가난해지고 가난해질수록 말은 더 잘 듣게 되기 때문이다.

반달곰이 서커스 장에서 공연한다고 치자. 곰이 아주 노련한 기술로 위험한 동작을 척척 소화해내면 관중들은 곰의 재주가 뛰어나다며 찬사를 보낸다. 그런데 잊지 말아야 할 사실은 재주는 곰이 부리는데 돈을 챙기는 것은 그 곰을 훈련한 조련사라는 사실이다. 곰이 '춤을 잘 추는 것'이 목표라 생각한다면 슬픈 일이다. 그런데 곰은 그렇게 되기 위해 곰 무용학원에 몰려들고, 무대에 오를 기회를 더 얻기 위해 곰끼리 아웅다웅 경쟁하는 것이다. 이것이 우리 한국교육의 슬픈 현실이다.

일본은 작년에 이어 올해도 노벨 생리의학상 수상자로 혼조 다스쿠(76세) 교토대 교수가 받았다. 일본은 노벨과학상만 벌써 24명째이다. 미국 국적의 수상자까지 포함하면 26명이다. 우리는 아직 한 명도 없다. 공대생들이 교수의 옛날 노트만 달달 외우다 보니, 컴퓨터공학과 학생이 프로그래밍도 못 한단다. 한국의 이런 암기식 교육으로는 노벨상을 20년이 아니라 앞으로 영원히 불가능할 것만 같다. 때마침 아베 총리를 이어 스가 요시히데 총리 또한, 한국에 사죄할 마음 눈곱만치도 없다고 잘라 말한다. '재주는 곰이 부리고 돈은 조련사가 챙긴다'라는 말이, 지금의 한국과 일본의 현실이 서로 오버랩이 되어 더욱 가슴 아프다.

『군중심리』의 저자요 사회심리학자 구스타브 르 봉은 “세뇌에 빠지면 아주 단순해지면서 지능이 낮아진다. 사회 통용되는 의견을 자기 것으로 합리화하여 이의가 없다고 착각에 빠진다. 동시에 의문을 제기하는 자에게 압력을 가하여 집단을 거스르지 않으려는 이상한 특징이 생긴다.”고 했다.

장기간의 조사와 심리학적 연구를 통해 알게 된 것은, 사람의 두뇌는 한 가지 관점으로 반복해 주입하게 되면 결국 그것을 사실로 믿게 된다는 것이다.

사이비 종교에 빠진 사람을 보라. 정상적 사고로는 도무지 그들을 이해할 수가 없다. 잘못된 교리에 빠져 광적으로 믿고 자기 신앙이 정당하다고 착각한다. 요즘 세계 곳곳에서 일어나는 테러리스트들을 보라. 그들은 정상적 신앙인이 아니다. 그래서 그들은 거짓된 세뇌 때문에 죽음의 불 속으로도 뛰어드는 것이다.

필자가 이토록 장황하게 세뇌를 설명하는 까닭이 있다. 그들만 세뇌당한 것이 아니라는 말이다. 수십 년을 배워도 말 한마디도 못 하는 사이비 영어교육! 이 사이비 식민지교육에 120년간 세뇌당해 왔음을 일깨워 주고 싶어서이다. 어디서 곁길로 빠지게 되었는지, 앞으로는 어떤 방향으로 바로 가야 할

지 알아야 한다.

그럼 이제부터 600년의 한글 역사, 지난 역사 속에 '한글'이 외국어학습에 어떻게 사용되어 왔는지 소개한다.

비밀리 진행해 온 한글프로젝트

1443년 겨울, 조선의 왕궁 안에는 여느 날 못지않게 싸늘해져 있었다. 바다건너 북서쪽에서 몰아치는 차가운 칼바람 때문만은 결코 아니었다. 살을 파고드는 추위에 궁궐을 지키는 병사의 얼굴에서, 얼굴을 가슴에 묻고 종종걸음을 치는 동궁 궁녀들의 얼굴에서, 그리고 이 궐 저 궐, 삼삼오오 모여 심각히 논의하는 문무 대신의 얼굴에서, 모두가 대리석처럼 차갑게 굳어져 있었다.

어제 아침 세종대왕께서 아침 조례시간에 청천 벽력같은 교시를 하달하신 것 때문이었다. 세종께서는 정음청을 드나들며 '훈민정음訓民正音'을 친히 제작하셨고, '훈민정음해례본解例本'을 집현전 학자들에게 주어 상세하게 작성하도록 교시를 내렸다.

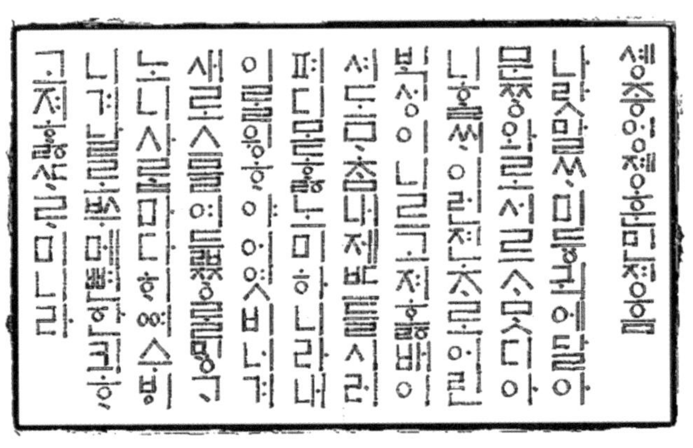
솅종엉졩훈민졍음
나랏말ᄊᆞ미듕귁에달아
문ᄍᆞᆼ와로서르ᄉᆞᄆᆞᆺ디아
니ᄒᆞᆯᄊᆡ이런젼ᄎᆞ로어린
ᄇᆡᆨ셩이니르고져홇배이
셔도ᄆᆞᄎᆞᆷ내제ᄠᅳ들시러
펴디몯ᄒᆞᇙ노미하니라내
이ᄅᆞᆯ윙ᄒᆞ야어엿비너겨
새로스믈여듧ᄍᆞᆼᄅᆞᆯᄆᆡᆼᄀᆞ
노니사ᄅᆞᆷ마다ᄒᆡᅇᅧ수ᄫᅵ
니겨날로ᄡᅮ메뼌ᅙᅡᆫ킈ᄒᆞ
고져ᄒᆞᇙᄯᆞᄅᆞ미니라

훈민정음(訓民正音)

그동안 세종대왕께서는 모든 일에 얼마나 열정적으로 일해 왔는지 그분 가까이에 있었던 사람은 다 알고 있었다. 1418년 당년 21세에 조선의 세 번째 임금으로 즉위하신 후, 다음 해부터 밖으로 국경을 튼튼하기 위해 비거도선을 만들고, 이종무로 하여금 쓰시마 섬을 정벌하라 했고, 그다음 해부터는 나라 안으로 집현전을 설치, 주자소에서 인쇄법을 개량하고 역사를 새롭게 정리하도록 했다. 가난한 백성들을 위해 경상, 충청에 먼저 양전量田을 하게하고, 관계 사업으로 수차를 장려하며, 전국에 〈농사직설〉을 배포해 무지한 백성을 가르치길 시작했다. 점점 합리적이고 기능적인 정치를 위해서 관제를 개혁했으며, 활발한 경제유통을 위해 처음으로 동전을 만들어 사용하도록 했다. 더욱더 놀라운 업적은 장영실 같은 천민조차도 그 재능을 인정하여 혼천의, 앙부일구, 측우기 같은 기구를 발명하도록 하여 과학적 농사법을 실시하게 했던 것이다.

이토록 아껴 주시는 세종임금님이 힘없는 백성들 곁에 계신다는 것만으로도 든든하고 행복했다. 백성들은 오월 단오제가 되면, 임금님이 계신 조정을 바라보며 하늘에 빌었다. 존귀하신 임금님이 더욱 옥체 건강하셔서 불쌍한 백성 곁에 오래오래 계시게 해달라고~.

그런데 웬걸 세종임금께서는 46세, 한창 일하실 나이가 되자 세자(문종)를 앞장세워 놓고 섭정을 하며 정치에서 한발 물러나기 시작했다. 이미 그때 임금께서는 과로로 건강이 많이 약화되었다. 오랫동안 책상 앞에 앉아 있다가 보니 만성적 당뇨병이 생겼고, 2차 합병증으로 피부에 욕창, 또 안질환으로 1m 앞을 보지 못할 지경에 이르렀다.

조정의 대소 신하들은 하나같이 임금의 건강이 걱정되었다. 신하들은 피부병을 위해 온양의 온천에 자주 다니시도록 권하기도 했다. 그러나 임금님의 마음에는 다른 한 가지 생각이 가득 차 있었다.

한글! 이 어리석은 백성들에게 글을 깨쳐주고자 한글을 만들어 주는 것이었다. 1443년 5월, 세자에게 정치를 섭정케 한 후, 그해 12월 정음청에서 '훈민정음 28자'를 완성하였고, 그래서 집현전 학자들에게 '훈민정음 해례본解例本'을 만들라고 교시를 내렸다.

이 일이 얼마나 중요하면서도 어려운 일인지 임금님은 잘 알고 계셨다. 그래서 세자에게 대리청정을 맡기고 새벽 4시부터 일을 시작해 드디어 한글을 완성했던 것이다.

한편 한글을 연구하고 만드는 작업만큼이나, 조정 대신에게 설득하고 도움을 받아 만백성에게 널리 보급하는 일이 또한 어렵다는 것을 잘 알고 계셨다. 그래서 대신들은 물론 집현전 학사들에게조차 이 일을 철저히 비밀에 부쳤다.

원래 세종은 우리 역사상 가장 민주적인 군주이셨다. 군과 신, 기득권과 소외자, 보수와 개혁자 모두가 하나의 합의로 해야 시행하는 공론정치를 펼치셨다. 1444년에 시행된 세제개혁을 보더라도 지난 17년간 긴 토론을 거쳐서 세법을 확정했지만 결국 시행하지는 않았다.

이토록 신중하셨던 분이 유일하게 한 가지 한글 제작만큼은 날치기로 통과시켰다. 사실 세종이 훈민정음을 창제하는 데 성공한 것은 바로 철저히 비밀리에 시행되고 기습적으로 반포하였기에 가능했던 일이었다. 말 많고 탈 많은 조정 대신들이 모여 의논해서 결정한다면 시간이 오래 걸리고 실패할 확률도 높다는 것을 임금께서는 이미 예측하고 계셨다. 이 일이 얼마나 중요했던지 당시 학문의 절정이었던 부제학 최만리 대감에게

까지 비밀에 부쳤던 것이다.

교시가 내려진 후 조용하던 궁궐이 온통 술렁이기 시작했다. 한글 창제에 반대하는 집현전 학사들에게서 반대가 연일 일어났다. 하지만 세종임금의 의지는 단호했다. 반대에 앞장섰던 일부 학사들을 의금부옥사에 잡아 가두라고 명을 내렸다. 이를 보면 당시 세종대왕에게 한글이 얼마나 중요했으며 또한 어려운 작업이었던 가를 엿볼 수가 있다. 이때부터 한글은 뜨거운 감자였다.

세자에게 정치를 맡기고 이후 7년을 하루같이 몰입하다 53세 짧은 나이에 과로로 돌아가시게 된 것도 한글 때문이었다. 그토록 충성스런 신하들의 반대에도 불구하고 물러서 포기하지 않는 것은, 한글을 만들어 백성에게 가르치는 일이 자손만대에까지 너무나 중요한 일임을 잘 알고 계셨기 때문이었다.

그래서 훈민정음 첫 문장부터 백성을 사랑하는 임금의 마음이 녹아져 있다.

'나랏말씀이 중국과 달라 불쌍한 백성이 하고 싶은 말이 있어도 제대로 써내지 못하는 이가 많다…'

(1443년 12월 부재학 최만리도 모르게 세종이 집현전 일부 진보학자들 중심으로 한글을 기습반포했지만, 두달이 지난 1444년 2월 10일에 보수학자들이 상소문을 올리게 된 것은? '운회' 한글화작업으로 공식화했기 때문, 최경봉 시정곤 박영준교수 해석)

반대 상소문을 통해 보게 되는 오늘의 한국영어

1443년, 어느 해보다 추운 겨울이었지만, 궁궐 안에서부터 전국으로 퍼진 한글 창제에 대한 이슈가 뜨거운 감자가 되어 그해 겨울을 달궈 놓고 있었다.

아니나 다를까 한 달이 지나면서 전국 여기저기에서 상소문이 올라오기 시작했다. 당시의 한문은 글깨나 좀 아는 일부 식자나 소수의 권력층 때문에 제한적으로 사용되었다. 한문 대신 글 모르는 백성들에게 쉬운 한글이 있다면 얼마나 좋겠는가. 하지만 당시 문자라는 것이 양반들 즉 사대부의 권력 상징이 아니었던가. 문장을 해석하고 잘 이해하는 사람이 출세 가도를 달렸으니, 한문을 안다는 것은 곧 출세가 되고 권력으로 이어주는 것이었다. 세종대왕의 한글 창제는 바로 이 권력층을 흔드는 위험한 사건이었기에 처음부터 반발이 대단할 수밖에 없었다.

1444년(갑자, 세종 26년) 2월 20일, 집현전 부재학 최만리 대감이 대표로 해서 많은 이들의 이름과 함께 상소문을 올렸다. 제목은 '언문창제 반대 상소문'이었다. 알기 쉽게 오늘날의 글로 약술 정리했다.

언문 창제 반대 상소문

신들이 엎드려 뵈옵건대, 사리와 지혜를 밝히는 언문(한글)이 원래 저 멀리 아득한 예로부터 나온 것임(단군 시대부터 내려온 가림토 문자나 파스파 문자 등)을 알겠습니다. 그러하오나 신들의 좁은 소견으로는 아직도 의심할만한 점이 있사옵니다. 감히 근심되는 바를 나타내어 다음과 같이 상소하오니 재결하여 주시옵소서.

1. 우리나라는 조정 이래로 지성껏 중국문화를 섬기어, 오로지 중국 제도를 따라왔습니다. 그런데 이제 바야흐로 중국과 문물 제도가 같아지려고 할 때, 언문을 창제하시면 이를 이상히 여길 사람이 있을 것입니다. 그러하오니, 혹시 언문이 중국으로 흘러 들어가서 이를 그르다고 말하는 이가 있으면, 중국 문화를 섬김에 있어 어찌 부끄럽지 않다고 하겠습니까?

2. 예부터 중국 안에서 아직 방언으로 인해서 따로 글자를 만든 일이 없고, 오직 몽고, 서하, 여진, 서번과 같은 오랑캐들만이 각

각 제 글자를 가지고 있었습니다. 역대 우리나라가 중국의 유풍을 지니고 있고, 문물제도도 중국과 견줄 만 하다는데, 이제 언문을 만들어 중국을 버리면 스스로 오랑캐가 되는 것이니, 마치 소합향을 버리고 쇠똥구리의 환약을 취하는 것 같아 이 어찌 문명에 큰 해가 되지 않겠습니까?

3. 신라 때 설총이 만든 이두가 비록 거칠고 촌스러우나, 이두로 인해서 한자를 아는 사람이 자못 많아, 역시 학문을 진흥시키는데 도움이 됩니다. 이두는 수 천 년 동안 써 오면서, 관청의 문서기록과 약속, 계약 등에 쓰여 아무 탈이 없었는데, 어째서 이제 속되고 이로움이 없는 글자를 만드시나이까?

만일에 언문이 통용되면 언문만 배우고 어려운 학문을 돌보지 않을 것이니, 이렇게 되면 관리될 자들이 무엇 때문에 고심하고 애써서 성리의 학문을 닦겠나이까? 이렇게 나가면 수십 년 뒤에는 한자를 아는 사람이 반드시 적어질 것이 오매, 사리의 시비를 가리기에 어둡지 않겠나이까?

더구나 언문은 이두와 달리 한자와 조금도 연관이 없는 것으로 시장 거리의 속된 말에만 쓰이지 않겠습니까? 언문이 다만 하나의 신기한 재주이지만, 옛것을 싫어하고 새것을 좋아하는 폐단이 오니, 학문을 위해서도, 정치에 있어서도 이로움이 없으니, 달리 생각해 보는 것이 좋을 것 같사옵니다.

4. 그간 옥에 갇힌 죄인 중에 이두를 아는 자가 있어서 죄인을 다

루는 일에 억울하다고 불복하는 일이 있었는데, 이제 언문으로 죄인의 말을 바로 써서 읽게 한다면 비록 어리석은 사람일지라도 다 쉽게 알아 들어서 억울함을 품은 사람이 왜 없다 아니하겠습니까?

죄인을 공정하게 또는 공정치 않게 다스리는 일이 옥리獄吏의 자질 여하에 달린 것이지, 말과 글이 일치 여하에 달려 있지 않습니다. 그리하여 언문을 가지고 죄인을 공정하게 다루려고 하신다면, 신들로서는 그 타당함을 알 수가 없습니다.

5. 무릇 큰일 일수록 멀리 보아야 하는데, 국가에서 요 근래 하는 일이 모두 속성으로 힘쓰고 있사오니, 나라를 다스리는 근본에 어긋날까 두렵습니다. 언문을 창제하시는 일은 큰일이 온데, 마땅히 재상으로부터 백성에 이르기까지 상의하여야 하고, 설혹 모두 옳다고 하여도 다시금 심사숙고하여 보고, 역대 제왕에게 질문하여 보고, 중국에 상고해서 부끄러움이 없으며, 후세에 후회할 바가 없는 연후에야 곧 실행에 옮길 일이옵니다.

그러함에도 오늘날 널리 여론을 들어보지 않고 갑자기 하급 관리 십여 인으로 하여금 급히 널리 세상에 공표하려 하고 있사오니, 이 일에 대한 온 천하와 후세사람들의 공론이 어떠하오리까? 또 상감께서 하실 일을 이전에 비하여 십중팔구로 줄이시고, 공무도 대신들에게 위임하고 계시면서, 저 언문은 국가적인 급한 돌발사건처럼 급히 서두르시어, 상감님 옥체를 조섭해야 할 시기에 괴롭히나이까? 신들로서는 그 타당함을 알지 못하겠사옵니다.

6. 옛 유학자가 말하기를, 신기하게 보기 좋은 일들이 오히려 성현의 학문을 공부하는 데 방해가 된다 하였습니다. 이제 동궁이 비록 덕이 있는 분이라 하더라도 아직 성학聖學 공부에 깊이 마음을 써야 하옵니다. 언문이 비록 유익한 것이라고 하더라도 도를 닦는 데에는 이利가 없는 것이온데, 동궁이 이일에 정신을 쏟고 시간을 허비하고 있으니 현시점에서 학문을 닦는데 손해가 되나이다.

신들은 모두 보잘것없는 글재주를 가지고 상감님을 뫼시고 있는 죄가 커온데, 마음에 품은 바를 감히 담고 있을 수가 없어서, 삼가 가슴에 있는 말씀을 다 사뢰어 상감님의 어지심을 흐리게 하였나이다.

500년 세월이 지난 지금, 이 상소문을 읽어보면 기가 막히지 않는가! 평가는 독자 여러분의 판단에 맡기고 계속 세종대왕의 견해를 들어보자.

'언문 창제 반대 상소문'이 세종임금님께 올라갔다. 이 글을 읽은 임금님의 마음은 어떠했을까? 한글에 대한 분명한 의지를 갖고 계셨던 세종대왕께서 참으로 마음이 불편하셨다. '상소문'이 올라 간지 채 며칠이 못 되어 '반박문'이 하달되었다.

세종대왕의 반박문 1444년 2월(날짜가 없음)

그대들이 말하기를 음을 써 글자를 합하는 것이, 모두 옛것에 어긋나는 일이라고 하였는데, 설총의 이두도 역시 음을 달게 한 것이 아니냐? 또 이두를 만든 근본 취지가 곧 백성을 편안케 하는 일이라고 한다면, 지금의 언문도 역시 백성을 편안케 함이 아니냐? 그대들이 설총이 한 일은 옳다고 하고, 그대들의 임금이 한 일은 옳지 안다고 하는 것은 무슨 까닭이냐?
또 그대가 운서를 아느냐? 사성과 칠음을 알며, 자모가 몇인지 아느냐? 만일에 내가 저 운서를 바로잡지 않는다면 그 누가 이를 바로잡겠느냐?

또 상소문에서 말하기를 언문을 새롭고 신기한 하나의 재주라 하였는데, 어찌 옛것이 싫고 새것이 좋아서 이 일을 하고 있겠느냐? 이 일이 사냥하는 일들과는 다를 터인데, 그대들의 말은 자못 지나친 바가 있다고 할 것이다.

또 내가 나이 들어 국가의 서무는 세자가 맡아서 하는데 비록 작은 일이라고 하더라도 의당 마땅히 참여하여 결정하고 있는데 무슨 말을 하고 있느냐! 만일에 세자로 하여금 늘 동궁에만 있도록 한다면 환관이 정사를 맡아 해야겠느냐! 그대들은 나를 가까이 모시고 있는 신하들로서 내 뜻을 분명히 알고 있을 터인데 이런 말을 하니 옳은 일이라고 할 수 있겠느냐?

이 말씀을 하시는 세종대왕의 추상같은 노여움이 눈에 선히 보이지 않는가! 그러나 세종은 그러지만은 않으셨다. 이후 최만리 대감이 무려 18번이나 상소문을 올렸는데도 세종은 화를 내거나 그를 미워하지 않았다. 이후 세종은 최만리 대감을 매우 아껴서 그가 잠시 부재학의 자리를 비웠을 때도 빈자리를 채우지 않았다. 많은 사람이 "새사람을 뽑아 그 자리를 채우면 안 되느냐"라 말을 했을 때도, 세종은 "빈자리를 채울 사람은 있으나, 그만한 인재는 없다"라고 말하시며 그의 사심 없음과 청빈함을 사랑하셨다.

세종께서는 본인의 건강이 점점 악화되어가는 것을 느끼셨고, 이미 시력이 나빠져 자주 휴양을 떠나야 했는데 이때 유독 훈민정음 관련 자료만큼은 꼭 챙겨 가셨다고 한다. 글 없는 백성들에게 한글을 하루빨리 만들어 몽매한 눈과 입을 열어주고자 하는 뜨거운 열정 때문이었다.

한글은 발음기호로 시작됐다는 이론

국어학 1호 박사로 평생을 한글 연구에 몸 바쳐온 고려대학교 명예교수 정광 교수가 역작 『한글의 발명』이란 책에서 "한글은 한자음 발음을 표기하기 위해 '발음기호'로 만들어진 것"이라고 수많은 자료와 고증을 제시하며 주장하고 있다.

사실 한 나라의 글이 까닭 없이 뚝딱 만들어 질 수는 없다. 당시 중국 한자음과 우리 한자음은 너무 달랐다.

중국 역사를 보면, 수隋와 당唐 때에는 수도 장안長安의 언어 '통어通語'가 공용어로 오랫동안 사용되었다. 당시 우리나라 고려는 '이두吏讀'라는 한자 표기법으로 크게 불편함이 없이 사용되었다.

하지만 몽골의 쿠빌라이 칸에 의해 건립된 원대元代에 와서는 연경燕京, 즉 북경北京이 중심이 되었고, 언어는 '통어通語'와는 전연 다른 '한아언어漢兒言語'가 공용어가 되었다. 다시 말해서 원대 이전의 중국 한자음은 우리와 크게 다르지 않아 신라 고려에서 배운 한문으로 의사소통이 가능했지만, 원대 이후 북방 중원의 공용어가 되면서 우리 한문과 중국어는 전혀 알 수 없는 언어가 되어 버렸다는 말이다.

그러다 보니 중국 주변의 여러 민족들이 한자漢子 사용에 불편함이 커졌고, 각자 자기들의 언어를 문자를 만들어 사용할 수밖에 없게 되었다. 대표적으로 토번의 서장문자, 요의 거란문자, 금의 여진문자, 몽고문자, 파스파문자였다.

한자문화권에 살던 우리도 한문漢文에 토를 달아 읽는 '이두吏讀' 방법에서 벗어나 우리의 독창적 글자 '한글'을 만들 수밖에 없는 시대적 요청에 놓여 있었다.

독창적이라 하나 없던 것이 갑자기 하늘에서 뚝 떨어진 것이 아니라 주변의 여러 문자에 직간접적인 영향을 분명 받았다.

한글은 원대元代의 파스파문자에서 크게 영향을 받았다고, 후대에 『성호사설星湖僿說』에서 이익이, 『언문지諺文志』에서 유희가 주장한 적이 있다. 음성학적으로는 고대 인도의 영향을 받았다는데 이는 성삼문 신숙주 두 사람이 요동에 유배된 이 분야 전문가 황찬을 찾아가 한자를 표음하는 일에 도움을 받는 일이다.

또 한편 옛 단군 시대부터 내려오던 '가림토문자加臨土文字'에서 본을 받았다는 견해도 있는데, 한글의 38개 글자와 글꼴

모양이 『삼성기三聖記』속의 『단군기檀君記』에 들어 있기 때문이다.

하지만 한글 글자의 모델에 대해서는 아직도 정설로 정해진 것은 없어 학자 간에 의견이 분분하다.

『세종실록』(권103) 세종 25년(1443)에 보면, "是月, 上親制諺文二十八字, 其字倣古篆, 分爲初中終聲, 合之然後, 乃成字 – 이 달에 임금이 친히 언문 28자를 제정하셨다. 글자는 고전을 본떴고, 초성 중성 종성으로 나누어 합쳐진 후에 글자를 이룬다."에서 글자는 고전을 본떴다는 말이 나온다.

또한 조선 후기 규장각 검서관으로 박물학에 뛰어났던 이덕무도 충분한 근거를 가지고 "한글은 옛 고전에서 본뜬 글자"라 말을 했다. 최만리의 상소문에 "언문이 원래 저 멀리 아득한 예로부터 나온 것임" 이라 말했지 않던가.

하지만 100프로의 창조란 신이 아닌 이상 있을 수 없는 일이다. 비교언어학적으로 이만큼 정확히 소리를 표기하고, 쉽고, 과학적인 글자를 만들어 낸 사실만으로도 충분히 '창제創製'란 말이 옳다 하겠다.

한글 창제를 시작하는데 결정적 사건이 있었다.

〈죽산안씨대동보竹山安氏大同譜, 1999〉에 의하면, "세종이 우리말이 문자로 (중국과) 상통되지 못하는 것을 걱정하여 훈민정음을 제정하려 했다. 그러나 발음을 바꾸어 토를 다는 일에 진도가 막혔다. 여러 대군을 시켜 이 문제를 풀어보게 했으나 모두 미치지 못하여 공주에게 내려 보냈다. 아무도 못 한 일을 둘째 딸 정의공주가 바뀐 발음에 토를 달아 난제를 풀어냈다. 세종이 크게 칭찬하고 특별히 노비 수백 명을 내려주었다."라는 기록이 남아 있다.

이것이 시작이었다. 세종은 이를 보고 "과연 이 방법대로 하면 우리말도 기록할 수 있겠다"라는 자신감을 얻게 되었다.

그래서 둘째 아들인 수양대군에게 〈석보상절釋譜詳節〉을 짓게 했고, 세종 스스로는 〈월인천강지곡〉을 지어 거듭 확인해 보았다. 다시 이 둘을 합한 책으로 〈월인석보月印釋譜〉를 출간하게 되었고, 이 책 서문에 "훈민정음 언해본"을 붙여 공포한 것이 한글의 시작이었다.(양력으로 환산한 10월9일을 한글날로 지정함)

여기서 중요한 것은 한글 창제의 목적이 우리 한자음이 중국의 한자음과 너무 달라 한글을 만들어 '발음기호'로 시작하였다는 것이다.

세종의 어제 서문 첫 구절이 "國之語音, 異乎中國, 與文字不相流通 – (한자에 대한) 우리나라 말의 발음이 중국과 달라서 문자가 서로 통하지 않는다"라는 기록이 있다. 그래서 '동국정운東國正韻', 한자음을 한글로 만들어 이를 백성에게 가르칠 올바른 발음이란 의미로 '훈민정음訓民正音'이란 이름을 붙이게 된 것이다.

(“毛擇東 鄧小平같은 한국한자음에서 ‘마오쩌뚱, 덩샤오핑’같이 중국한자음을 표기할 발음기호가 필요했다. ‘훈민정음’ 즉 ‘바른소리’라 불렀는지 이해할 수 있다” 〈우리말의 수수께끼〉박영준외 3인. P119~200. “우리 한자음과 중국의 한어음이 너무 차이가 나서 한자음의 표음에 동원된 새문자를 훈민정음이라 불렀다” 〈한글의 발명〉정광. P486)

오늘날 한글로영어는 우리의 자랑스러운 한글로 외국어 발음을 적어 학습하게 되었다. 효과는 탁월했다. 어떤 사람은 한글로 외국어를 하면 ‘콩글리시’ 발음이 되지 않느냐고 걱정한다. 아니다. 한글로 해야 가장 원음에 가장 가까운 발음을 할 수 있다. 또한 한글로 해야 입이 기억해 상황이 되면 말이 바로 튀어나오기 때문이다.

2018년 12월 10일, 세종문화회관에서 한글학회주관 ‘세종즉위 600주년 기념강연회’가 있었는데, 이날 ‘한글의 미래’란 제목으로 이어령 교수께서 강의하셨다. 비록 지병으로 불편한 몸이셨지만 오셔서 뼈 있는 강의를 하셨다. 결론에 가서 이렇게 말씀을 하셨다.

“한글이 세계 최고의 글자라는 것을 이제 세계 사람도 다 안다. 한글이 과학적이다, 배우기가 쉽다, 글꼴이 아름답다, 어떤 소리도 다 표기할 수 있다, IT 시대에 적합한 글자다… 이런 내용은 모두 ‘한글의 과거’에 대한 말들이다.

이제부터는 ‘한글의 미래’에 대해 말해야 하고 또 대안을 내

놔야 한다. 가령 세종대왕께서 지금 여기에 오셔서 우리 앞에 계신다면 무어라 말씀하실지 생각해보라. 한글이 우수함이나 탁월함을 논한다면 과연 기뻐하실까? 아니다. 당신께서 만든 한글이 이 시대에 새로이 탈바꿈해서 미래를 열어주는 새 도구로 재창조가 될 때 한글 창제의 진짜 목적이 아니겠는가! 한글을 사랑하는 여러분은 이제부터 이 일을 해야 한다. 이걸 고민하시길 바란다."

이날 강연을 들으며 본인은 정말 뛸 듯이 기뻤다. 『원어민도 깜짝 놀란 기적의 한글영어』와 『세종대왕의 눈물』이란 책을 썼고, 한글을 이용해 외국어를 쉽게 익히는 개발자로서 뿌듯한 보람을 느끼게 되었다.

그날 세종대왕님의 안타까운 눈물이 이제는 기쁨의 눈물이 되게 해야겠다고 마음먹었다.

『노걸대老乞大』 원본 발견으로 알게 된 것

세종께서는 한글 창제로 일을 여기서 끝내지 않으셨다. 이후 한글을 활용해서 백성들에게 중국말을 쉽게 익힐 책을 만들게 하셨다. 우선 사역원에서 사용하던 교재 『노걸대老乞大』『박통사朴通事』를 한글로 발음을 달아 중국말을 읽을 수 있게 했다. 한글로 하니 말이 너무 쉬워져 외국어학습에 일대 혁명이 일어났다.

세종 때에 왕의 주도로 발명된 한글은 문종과 세조를 거치면

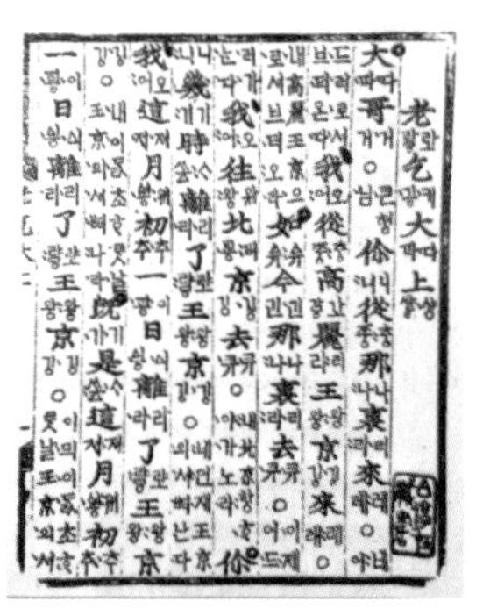

같은 노걸대에 한글로 발음 표기(세종 때)

서 신속히 백성들에게 보급되었다. 하지만 그 이후, 연산군 때에는 '언문 벽서僻書사건' 으로 임금의 탄압을 받아 새 문자에 대한 연구와 보급이 지지부진한 적이 있었다.

하지만 중종반정 이후에 한글에 대한 연구가 다시 탄력을 받았는데, 이때 한글의 중흥을 도모한 사람이 역관 출신의 최세진이었다. 최세진은 누구보다 한어 학습에 한글사용이 탁월함을 깨달았던 사람이다.

그는 사역원교재에 한글 발음으로 새롭게 재편집해 『번역노걸대』『번역박통사』를 출간하게 했다. 또다시 『노걸대 언해』『박통사 언해』를 출간했는데, 이 모두는 한글을 발음기호로 삼아 정확한 외국어 발음 교육을 하도록 했던 것이다. 다시 말해서 조선 시대 외국어 인재를 키우는 사역원에서 한 번도 빠짐없이 한글사용으로 외국어를 훈련하게 했다는 말이다.

중국어뿐만 아니다. 『몽어노걸대蒙語老乞大』『청어노걸대淸語老乞大』『왜어노걸대倭語老乞大』『첩해신어捷解新語』같은 책을 출간하게 해 몽골어, 일본어, 여진어를 배울 때도 한글 발음으로 기록해 말을 익히도록 했다.

이때 한글로 한자음을 표기할 때는 '정음正音'이라했고, 순수 우리말을 표기할 때는 '언문諺文'이라 칭하는 원칙을 정했다. 가령 『노걸대』의 첫 문장에 "큰 형님, 너 어디로서 왔나? 고려 왕

조선시대 역관 시험에 출제된 문제들

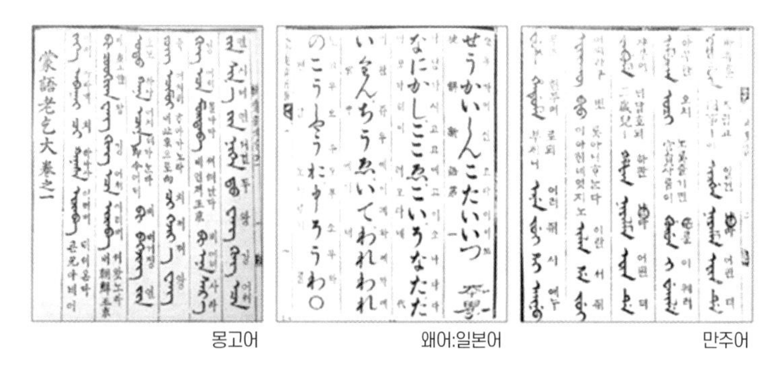

몽고어 왜어:일본어 만주어

경으로부터 왔다."란 말에서 "큰 형님"은 언문諺文이고, "고려 왕경"은 정음正音이 된다.

『노걸대』『박통사』는 원래 고려말부터 사용되었던 중국어교재였는데, '노걸대'란 '미스터 중국인'쯤 되고, '박통사'란 '박통 역관'이란 뜻이다. 『노걸대』는 세 명의 고려 상인이 중국에 다녀오는 과정에서 겪는 다양한 상황을 중국어로 학습하기 위한 일종의 '비즈니스 회화'책이라면, 『박통사』는 중국의 풍습과 문물에 관한 수준 높은 회화 책이라 하겠다.

최근 『노걸대老乞大』 원본이 발견되었다. 1998년 대구에 있는 한 서지학자가 이 책을 들고 당시 고려대학교 국문학 정광 교수에게 "선생님! 이게 무슨 책입니까?"라며 내 보였다. 정광 교수는 이 책을 보는 순간 심장이 멎는 것 같은 충격을 받았단다.

이 책은 세종 때 사역원에서 외국어를 교육하기 위해 만들어진 한어 학습 교과서 『노걸대老乞大』였던 것이다. 조선 중종 때 최세진이 여러 차례 이 책을 편집했을 정도로 중요하게 여겼던 책이었는데, 바로 그 책을 직접 눈으로 보게 되었으니 말이다.

이 책을 세계 학회에 발표하니 '세기의 발견'이라 극찬을 받았고, 국내 국어학에서도 최고의 자료로 인정해 지금 고려대 박물관에 소장되어 있다.

이 책이 중요한 이유는 세종 때 한글을 제정한 후 한자음을 정리하기 위해 쓴 책이 『동국정운東國正韻』이라면, 이 책 『노걸대老乞大』는 제정된 한글로 실제 중국말을 익히는 최초의 한글 교과서였던 점이다.

세종실록에 의하면, 세종은 당시 통역관들의 실태를 걱정하여 좌우의 신하들에게 이렇게 말했다. "대개 말이라는 것은 굽고 꺾여진 데를 통변하게 하는 데에 맛도 있고 의미도 있는 것인데, 지금의 통사 등은 대충 그 대강만을 말한 것뿐이고, 그 굽고 꺾여진 곳을 통변하지 못하니 한스러울 따름이다."

여기 세종이 말한 "굽고 꺾여 진 곳을 통변"한다는 말은 요즘 말로 '듣기hearing'와 '말하기speaking'이 부실하다는 말이다. 실제 말하기로 외국어 능력을 중시한 세종은 정확한 발음을 위해, 신숙주나 성삼문을 랴오둥에 보내 정확한 발음을 묻게 했고, 중국어교재『직해소학直解小學』의 정확한 발음을 물어 사역원 교육에 반영시키기도 했던 것이다.

기록에 보면, 한글이 나오면서 세종은 사역원에다가 '말 중심의 외국어 교육, 중국어 몰입 교육'을 지시해 정확한 한글 발음을 사용하도록 했다.

이후 계속해서 조선 시대 600년간 외국어 교육에서는 이 전통이 유지되었다. 세계 역사에서 이처럼 외국어교육 기관을 전문적으로 설치해서 중단 없이 이어온 민족은 사실 우리 밖에 없다. 이 역사적 사실만으로 우리는 스스로 긍지를 갖고 이 학습법을 우리 후손에게도 길이 남겨야 할 일이다.

이뿐 아니라 당시의 교육제도나 외국어 교육 방법을 보게 되면 오늘날보다 절대 뒤지지 않을 만큼 훌륭했다. 공식적으로는 한자를 사용했지만, 외국어교육만큼은 한글을 유용하게 사용했다. 이것으로 한글이 외국어 학습을 하는데 탁월한 글자임을 증명하고 있다.

세종은 훈민정음을 만들고 나서 과거시험과 공문서 작성에도 한글사용을 지시했다. 세종 28년(1446) 10월에 한글을 반포하고, 11월에 언문청을 설치, 12월에 취재에 훈민정음을 부과하고, 다음 해(1447) 4월 훈민정음 시험을 시행해 필요한 인재를 발굴하게 했다.

그러나 반대에 부딪혀 한문과 한글의 공조 시대가 열리게 되었다. 공문서나 관청에서는 종전 그대로 한문을 사용하게 하고, 대신 외국어를 빨리 익혀야 하는 사역원과 일반 백성에게는 한글을 사용하게 하는 이중 정책을 쓰게 된다.

하지만 뿌리 깊은 사대주의 때문인지 한자보다 한글은 무시당했다. 결국 한글은 아녀자나 노비같이 천한 사람을 통해 음지로 전해졌지만, 그 유용성이 탁월해 마치 곰팡이같이 민간에 널리 퍼져 나가게 되었다.

훈민정음이 반포되고 450년 후, 1894년 갑오경장 때에야 비로소 한글이 음지에서 양지로, 공식적 우리글로 인정받는다. 하지만 이렇게 인정받게 된 것이 우리 스스로가 우리 한글이 자랑스러워 만방에 드러낸 것이 아니었다. 안타깝게도 외국인 언어학자들에 의해서였다는 가슴 아픈 역사적 사실이다.

외국인이 와서 발견한 한국 보물 1호

세종대왕께서 돌아가신 지 4백 년이 훨씬 지난 1886년, 우리 정부는 최초의 교육기관인 '육영공원'에 23세의 미국인 교사 헐버트Homer B. Hulbert 박사를 초빙하게 되었다. 우리 땅에 들어온 헐버트는 당시 한국의 몽매한 국민들을 깨우치기 위해서 먼저 자신이 우리의 한글을 배워야만 했다. 드디어 그가 한국에 온 지 3년 만에, 넓은 세상 지식과 정보를 알려주기 위해서 한글로 교재로 만들었다. 이것이 1891년 〈사민필지士民必知〉였다.

헐버트는 한글의 위대함과 아름다움을 알고 한글을 사랑한 최초의 외국인이 되었다. 그래서 책 서문에 "한국인들은 이상하게도, 이렇게 좋은 한글을 갖고 있는데 어찌하여 사용하지 않는가. 오히려 지식인들은 한글을 업신여기기까지 하는가?"라며 안타까워했다.

그는 한글에 대해 여러 번 발표했는데, 특히 1892년 워싱턴 스미스소니언 협회 연례보고서에 'The Korean Language'라는 논문에 "한글은 세계에서 가장 독창적인 글로서 영어보다 훨씬 우수하다"라는 글을 남겼다. 이 글은 한글의 우수성을 국제적으로 알린 최초의 논문이 되었다.

헐버트 박사의 글을 읽고 한글을 더 연구하기 시작했던, 영국의 언어학자 제프리 샘슨Geoffrey Sampson 박사도 그의 논문에 "한국은 이미 15세기에 한글이라는 가장 독창적이고도 훌륭한 소리글자를 만들었다"라 했다.

그 일부를 공개하면,

"한글은 소리를 낼 때, 글씨 모양이 입안의 모양을 본 따서 만들어졌기 때문에 탁월하다. 영어의 경우 소리가 비슷한 'd'와 't', 그리고 'm'과 'p'는 글자 모양에서 어떤 공통점도 없다. 하지만 한글은 'ㄷ'와 'ㅌ', 그리고 'ㅁ'과 'ㅍ'의 글자 모양이 서로 연관을 가지고 있다.

이 모양은 더 과학적으로, 양순음(ㅁ, ㅂ, ㅍ, ㅃ), 설단음(ㄴ, ㄷ, ㅌ, ㄸ, ㄹ), 치찰음(ㅅ, ㅈ, ㅊ, ㅆ, ㅉ), 연구개음(ㄱ, ㅋ, ㄲ), 후두음(ㅇ, ㅎ)으로 분류된다. 이들의 모양이 서로 연관이 있는 것은, 소리를 낼 때 입안의 모양대로 글자를 만들었고, 소리가 약간씩 변형되어가는 대로 글 모양을 만들었다.

또한 모음은 天(.), 地(ㅡ), 人(ㅣ)의 우주의 3재를 따라 만들고, 여기서 더 넓게 음양陰陽의 조합을 따라 양의 소리로 'ㅏ, ㅑ'와 'ㅗ, ㅛ'를 만들고, 음의 소리로 'ㅓ, ㅕ'와 'ㅜ, ㅠ'로 넓혀 글자를 만들어나간 것을 보면, 한국인의 지혜에 감탄해 입을 다물지 못하게 되는 것이다."

이 글을 접하는 순간, 나는 한국인으로서 부끄러움에 얼굴에 화끈거렸다. 외국인으로 한국인보다 더 정확하게 한글의 장점을 과학적으로 정확하게 꿰뚫어 보고 있었기 때문이었다.

조선 말 서양인 중 한반도에 들어오는 자가 차츰 늘어, 이들이 한글을 배우기 시작했다.

최초의 기록은 1816년 영국이 파견한 암허스트 사절단 맥스웰과 홀 대령이 수집한 단어가 남아있다. 'Knife-Khul(칼)' 'nose-ko(코)' 'Ear-Quee(귀)' 'Tobacco-Samb jee(쌈지)'처럼 지금 사용되는 우리말과 흡사했다.

이후 로스 목사가 조선어 입문서인 『코리언 프라이머Corean Primer』를 1877년에 발간했다. 그 내용을 일부 소개하면,

"너를 밋디 못하갓다

nural mitdi mothaghatda.

(With) you keep pace (I) cannot.

어듯케 왔슴마.

udutke wassumma

How have you come.

걸어 왔슴메

guru wassumme.

Walking come.

멧니 길이나 감마

menni girina gamma.

팔습 오리 감메

palsupori gamme.

85 li come.

LESSON XIII.
WALKING.

너를 밋디 못하 갓다

(With) you keep pace (I) cannot.

어듯케 왓슴마

How have you come?

걸어 왓슴메

Walking come.

멧니 길이나 감마

Many li road walked?

팔습 오리 감메

위 왼쪽부터 시계방향으로 최초로
한글성경(누가요한복음)을
번역한 존 로스 선교사. 1911년 출간된
우리나라 최초의 한글 성경전서.
한글 문헌 중 최초로 띄어쓰기가 시도된
존 로스 선교사의 저서 '조선어 첫걸음'

달이 아파 가디 못하갓다

dari apa; gadi mothaghatda.

Legs paind wearied go on I can't."

위에 암 허스트 사절단 맥스웰과 홀 대령, 그리고 로스 목사가 남긴 글에서 느낀 것이 없는가? 이들 모두 한글을 배울 때 자기들 글자 영어알파벳으로 배웠다는 사실이다.

지금도 미국에서는 각 외국어를 공부할 때 자기들 영어알파벳을 사용한다. 미국만 그러한가? 표음문자를 가진 모든 나라가 다 그런다. 그렇게 해서 외국어를 쉽게 배우는 나라가 되었던 것이다. 우리만 못하고 있다. 최고의 표음문자 한글을 가지고서도 말이다.

그때 우리는 어떻게 영어를 배웠나를 알아보자.

조선 말 외국어 신동이라 불렸던 궁내부 통역관 윤치호가 있었다. 그를 두고 이광수는 말하길 "저이(윤치호)가 8개 국어를 말

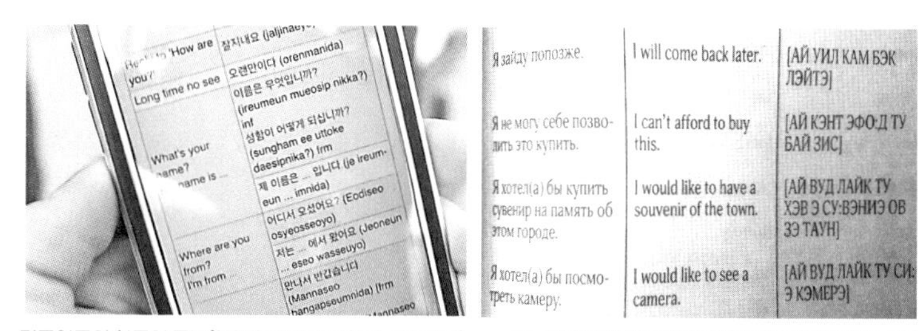

미국인들의 한글어 공부(영어 알파벳으로 한글 소리 기록)

러시아인이 영어를 익힐 때 러시아발음기호를 사용

하는데… 그는 과연 어학의 천재다… 조선어를 제하고 영 일 중 노어를 능통하게 하는 것이 확실하다."고 했다. 윤치호가 이렇게 단시간에 통역사가 된 것은 바로 외국인에게 소리를 듣고 한글로 표기해 발음을 익혔기 때문이었다.

당시 외국어학습을 할 때는 당연하게 한글로 익혔다. 한성주보 제 4호(1886년 1월 19일 자) 기사에 보면 "교이영문영어敎以英文英語"란 표현이다. 즉 수업진행이 영문과 영어로 이뤄졌다는 말이다. 영문英文은 글자중심의 '독해'와 '작문'을 말하고, 영어英語는 말 중심의 '청취'와 '대화'를 말한다. 방법은 원어민이 직접 말해주고, 그 발음을 자국의 글자로 적어서 익히는 방식이었다.

이 교육법은 그때 당시 세계적으로 유행한 '벌리츠Berlitz교수법'의 연장이었다. 이 학습법은 일본식 교육으로 점령당한 1905년 을사보호늑약 때까지 조선의 영어교육의 기본 틀이 되어 왔다.

1883년 최초의 영어학교 '동문학'에서도 듣기와 말하기의 '영어英語', 읽기와 쓰기의 '영문英文'을 번역이나 설명을 하지 않고, 마치 어린이가 말을 자연스레 익히는 방식으로 한글로 익히게 했다.

1886년 '동문학'이 '육영공원'으로 바뀌게 되었는데, 여기서도 교재나 강의가 한글 표기 방식으로 이뤄졌다. 당시 교사 길모어는 수업을 이렇게 말했다. "학생들은 영어를 한자말을 익힘처럼 (한글사용) 매우 빠르게 배웠다…. 우리는 곧장 자연과학과 수학을 원서로 가르칠 수 있었다."고 했다.

1889년 '육영공원'에 입학한 장봉환은 영어 실력이 워낙 뛰어나 1890년 새비지 랜도어H. Savage Landor가 쓴『고요한 아침의 나라 조선』글에, "19세의 양반 장씨의 아들은 두 달 전 f와 p발음을 겨우 구분했는데, 두 달 만에 영어의 해석과 회화에 완벽했다."라 놀라워했다. 장봉환이 두 달 만에 어찌 이 일이 가능했겠는가? 한글로영어를 배웠기 때문이었다.

한글학자 지석영은 당시의 한자교재『아학편兒學編』에 한자마다 국어 훈과 발음, 다음 일어와 발음, 그다음 영어와 발음을 표기해 보급했다. 가령 '아학편'의 '아兒'의 경우, 중국어 발음 '얼', 일본어와 일본발음 '고지', 영어 'Child'와 발음 '촤일드'라는 식으로 한글로 소리를 표기했던 것이다.

당시 영어를 잘 했던 사람들이 모두 권력을 입게 되었다. 학무대신 박정양, 외무협판 이완용, 농상협무판 이채연, 법무협판 정경원, 이하영 이상재 서광범 서재필 윤웅렬 윤치호 이범진 이윤용 민영환 민상호 등 대부분이 한글로 영어를 시작해 영어를 잘 구사했던 자들이다.

심지어 이하영은 원래 '찹쌀떡 장사꾼'이었지만 영어 하나로

왕실 회계원장을 맡다가 주일 공사까지 올랐다. 이 소문이 퍼져 "세 치 혀만으로 출세 길을 열 수 있다"며 전국에 영어의 붐이 일 게 되었다. 이처럼 조선 초부터 내려온 전통인 '한글로 직접 교육법'은 구한말 유능한 영어 구사자를 대거 양산하는 원동력이 되었던 것이다.

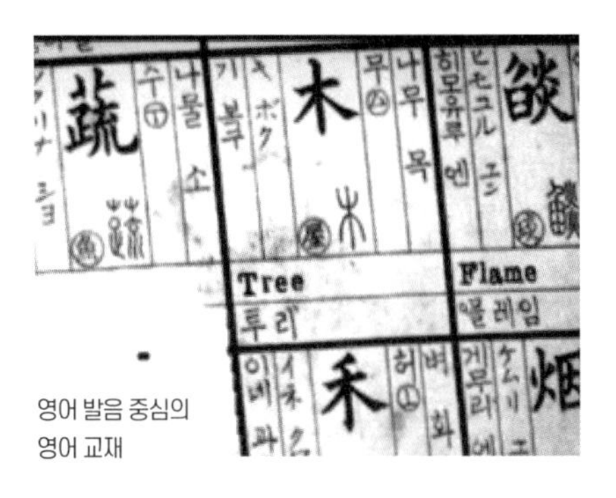

영어 발음 중심의 영어 교재

영어에 한글 토 달다가
얻어맞게 된 이유가 있었다

하지만 1904년 러일전쟁이 발발하고, 일본군의 승리로 1905년 11월 을사보호늑약이 체결되면서 조선의 외교권이 박탈됨과 동시에 외국어교육도 완전히 바뀌게 되었다.

1906년 8월 칙령 43호 '외국어 학교령'에 "외국어학교는 외국어실무에 적당한 인재를 양성함을 목적으로" 규정했다. 하지만 여기서 '외국어 실무'란 외교상 정책 판단을 내리기 위한 실무가 아니라, 자기들 뒤에서 문서번역이나 작문중심의 잡일을 거들도록 우민화와 노예화를 위한 실무였던 것이다.

이때부터 일본인 교사의 지도하는 대로 받아쓰기, 독본, 번역, 작문 교육이 이루어지게 되었다. 영어 시간도 절반 이상으로 줄었다. '동양에서 가장 뛰어난 어학자'를 배출했던 한글로영어 교육이 갑자기 '글 중심의 독해 교육'으로 바뀌면서 전 국민을 영어 벙어리로 만들고 말았다.

하지만 회화 영어를 마음껏 배울 수 없었던 암울한 일제시대에, 말 중심의 영어책들이 대거 등장하였다. 『독학』, 『독습』, 『無先生』(선생 없이), 『自通』(저절로 함), 『無師自通』(선생없이 저절로 통함)같이 선생 없이 배우는 책들이다. 대표적으로 이원익의 『션생 업시 영어 배호는 법』, 정교의 『영어독학』이다. 이원창의 『신안영어독학新案英語獨學』은 영어 본문 아래위로 한글발음과 해석을 붙여놓아 누구나 영어를 배울 수 있게 했다.

오하이오 주립대 유학한 김동성은 1926년 8월 『무선생無先生 속수速修 영어독학』을 내면서 동아일보에다 이 책을 광고하길, "영어 단어에 한글소리와 뜻을 올려 회화와 상업언어로 무선생 독학에 편케하엿다" "조선출판계 신기록, 출판당일 점두店頭에서만 매진한 본서, 지방에서도 주문이 쇄도한 일대쾌저!"라 광고했다.

하지만 외국어학습 역사에 가장 불운한 사건이 일어났다. 1920년이었다. 당시 출세의 최고 관문인 경성제대 입학시험에 '영어 과목'이 들어 간 것이다(해방 후, 1946년 서울대학교라 명칭이 바뀜). 이때부터 전국의 모든 고등보통학교도 어쩔 수 없이 영어를 필수로 가르칠 수밖에 없었다.

사실 영어는 공부가 아니다. 그냥 의사소통을 하기 위한 기술일 뿐이다.

그런데 영어가 시험이 되다 보니 전문 학자가 논하는 영문법이 살아나 말도 안 되는 괴물로 변신하고 말았다. 이때부터 말하는 영어는 사라지고, 그 자리에 문법영어가 차지하게 되었다.

시험영어에 한가지 더 부채질하게 된 것은 때마침 양반계급제도가 폐지되었고 대신 보통문관 고등문관 시험제도가 등장했다. 이 시험에 영어과목이 들어간 것이다. 이 시험만 통과하면 신분상승이 일어났다. 조선 600년간을 이어온 지긋지긋한 상놈 신분을 벗어날 절호의 기회가 영어였던 것이다. 그래서 벙어리 영어가 탄생하게 되었고, 한반도에 문법이나 독해 영어에 매달리게 된 결정적 계기가 된 것이다.

문법 번역식 학습으로(GTM:Grammar Translation Method) '말 못 해도 시험점수만 올리면 되는 영어'가 활짝 열렸다. 영어 교사들은 영어단어를 공책에 100번씩 적어오게 하고 해오지 못한 학생에게 몽둥이로 엉덩이를 때렸던 것이다.

일제의 이 부끄러운 잔재가 120년이 지난 오늘까지 조금도 바뀌지 않고 그대로 시행되고 있다는 점이다.

1926년 언더우드는 벙어리영어를 걱정하며 『Modern Education in Korea』에 "서울에 최고의 영어교사들이 말 한마디도 못하는 것은 놀랄 일이 아니다. 그들은 해괴하고 괴팍스러운

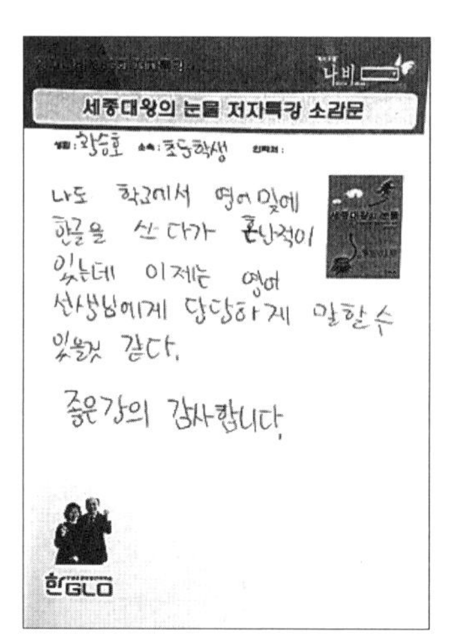

나비

세종대왕의 눈물 저자특강 소감문

성명: 황승호 소속: 초등학생 연락처:

나도 학교에서 영어 밑에 한글을 쓴다가 혼난적이 있는데 이제는 영어 선생님에게 당당하게 말할수 있을것 같다.

좋은강의 감사합니다.

한GLO

문제를 푸는 데는 능통한 사람들이다."라 비꼬아 말했다.

일제 치하 벙어리영어 때문에 수업 거부사태가 심심찮게 일어났다.

1920년 5월 12일 자 조선일보 3면에 '두 번째 보성교의 휴학'이란 기사가 실렸다. 내용은 "이 학교 3학년 학생 45명이 5일째 수업을 거부… 일본인 영어교사의 발음이 불량해서 그 발음대로 배워가지고는 도저히 세상에 나가 활용할 수 없으니 다른 조선인 영어 교사로 변경해 달라"는 요구였다.

조선일보 1923년 6월 16일자에도 '중앙교 맹휴 점차 확대'라는 글에도 역시 영어 교사의 엉터리 발음 때문에 학생들이 수업 거부, 무기정학, 심지어 5명의 학생은 퇴학을 당하는 것을 보고, 2~3학년 학생들 80명까지 동맹휴학 사태까지 이르게 된 것이다.

일본인으로 한반도 침략지침서 『한반도』라는 책을 쓴 시노부 준페이가 있었다. 그는 책과 달리, 조선의 한글과 그 유용성에 대해 오히려 이렇게 치하했다.

"한글은 그물코처럼 치밀하여(자모음으로 짜여져) 고운 발음으로 말할 수 있고" 조선인들의 능숙한 외국어 실력은 "동양에서 가장 뛰어난 어학자로 중국인이나 일본인이 감히 따르지 못할 것이다. 이것은 조금도 과장된 표현이 아니다"라 말했다. 일본인으로 한반도 침략지침서까지 쓴 준페이가 이 정도 글로 표현한 것을 보면 당시 우리 국민의 한글로영어 실력이 가히 얼마나 뛰어났던지 알 수 있다.

일제 말에는 한글 자체를 없애려 했다. 일제는 1939년에 '제3차 교육령'을 공포, 내선공학內鮮共學을 실시하여 조선어 과목을 없애고 한글 사용도 못 하게 했다. 다음 해 1940년에는 '영어 배격 운동'과 '일본말 사용'과 '일본식 창씨개명'을 하도록 했다. 이때 대대적 한글사용이 금지되고, 한글로 영어뿐만 아니라 한글 사용만 해도 선생이 죽도록 때렸다.

그때 이후로 영어에 한글로 토를 달면 뭔가 큰 잘못인 줄 '세뇌'가 되어 지금에까지 이르게 되었다. 영어 밑에 한글 발음을 사용하면 왜 안 되는지 이유도 모르고 때렸다.

1954년 경향신문에, 한국외국어대학 학장이었던 안호삼은 당시 안타까운 영어 현실을 두고 이렇게 말했다.

> "우리는 그릇된 방법으로 배웠다… 외국어는 우선 말부터 배워야 한다. 먼저 귀와 입으로 배워야 한다. 이것은 언어습득의 공리이

고 철칙이다. 우리의 신체 중에서 말을 주관하는 기관은 귀와 입이고, 결코 눈과 손이 아니다."

일제하의 시험 영어, 눈으로 읽고 해석하고 손으로 작문하는 영어를 걱정해서 하는 말이다.

안호삼이 이렇게 말 한지가 벌써 70년이 되었는데, 아직도 일제 치하의 시험 영어, 제패니시는 바뀐 게 하나도 없다. 다시 한 번 일제가 심어 놓은 식민지 세뇌교육이 얼마나 뿌리깊게 박혔는지를 생각해보면 가슴이 새삼 아프다.

아직도 식민지 법에서 해방되지 못한 교육법

좀 더 자세히, 해방 후 우리나라 교육법이 만들어지는 과정으로 거슬러 가보자. 1948년 우리나라 처음으로 헌법안에 교육법이 만들어 질 때 본을 딴 것이 일제 강점기 조선총독부 사회교육법이었다. 알다시피 1942년 한국에 들어온 일본 마지막 총리 아베 노부유키는 우리 국민을 일본의 노예 백성으로 만들기 위해 혈안이었다. 교육법을 '소학교법'과 '강습회법'으로 나눴다.

오랫동안 사용해오던 '소학교'를 1941년 일왕의 칙령으로 이름을 '국민학교'라 졸지에 바꾸어 놓았다. '국민학교'란 이름은 황국신민학교의 줄임인데, '황국'에서 '국'자만, '신민'에서 '민'자만 뽑아 '국민학교'라 이름 하였다. 뜻은 '천황이 다스리는 나라의 신하 백성의 학교', 한마디로 일본국민의 종으로 훈련시키는 학교였다. 우리가 어렸을 때 '00국민학교'에 다녔는데, 그때는 그 이름이 얼마나 부끄러운 이름인줄도 몰랐다.

1945년 해방이 되었고, 1948년 건국 헌법 초안을 만들 때, 법 전문가가 없었거나 아니면 일제 어용학자들 중심으로 조선총독부 식민지법에서 바뀌지 않고 그대로 '국민 학교'가 되었다. 광복 50주년을 맞는 1995년에 비로소 이름을 '초등학교'라 개명하게 된 것이다. 하지만 식민지법의 정신은 크게 바뀐 것이 없다.

일제치하 때 학원교육법도 마찬가지다. 당시에는 '강습회법'이라 했는데, 일제 강점기에도 오늘과 마찬가지로 우리 국민들은 외국어 배움에 대한 열기가 대단했다. 곳곳에 사설학원 같은 것들이 자유롭게 생겨났다. 일제는 이 모임에서 혹 불온한 독립운동 단체가 생길까 불안해 했다. 동시에 황국식민이 외국어를 잘하게 되면 좋을 것이 없었다. 당시 '강습회법'에 "사설학원은 당국의 감독 하에 한 과목씩만 강습을 허가한다."라 명시되어 있다. 한국인의 외국어 잘하는 열기를 잠재우고 우민화 시키려고 만든 법이었다.

독립 후 1948년 새로운 법을 만들 때, 일제의 규제법과 우민화법을 그대로 채택했다. 하지만 우리 국민들의 배움에 대한 열기는 식을 줄을 몰랐다. 1961년 12월 법을 개정하게 되었다. '사설강습법' 항목에 보면 "영리 목적으로 과외 교습은 허락하는데 한 과목씩만 허가받고 한다"라며 일제규제법에서 바뀐 것이 없었다. 이 규제법이 오늘까지 그대로 시행되고 있다.

학원 설립하러 관할 교육지청에 가보라. 외국어를 가르치는 학원을 하려면, 영어든 중국어든 한 과목만 가르쳐야 한다. 여러 언어를 가르치려면 '어학원'으로 신청해야 한다. 어학원은 시설 규모가 엄청 커야 하고 조건이 너무 까다로워 서민이 시작하기가 너무 어렵게 되어 있다. 과목뿐만 아니라 시간, 교습비, 인원 모두를 규제법으로 제한하고 있는 실정이다. 우리는 아직도 일제의 규제법 아래 있는 것이다.

생각해 보라. 지금은 IT 정보기술, BT 바이오, NT 나노, AI 인공지능, RT 로봇, ST 우주시대다. 전 세계가 광속도로 움직이고 있는 이 시대에, "영어 하나는 되고, 중국어까지 두 과목은 안 된다"니 현실적으로 맞는 말인가?

사랑하는 우리의 자녀교육을 위해, 이들이 살아가야 할 미래세계를 위해, 하나둘이 아니라 다섯 열도 더 배워야 할 판국인데 말이다. 규제해야 할 이유가 과연 어디 있나? 정치적으로는 일제 해방 75년이 되었지만, 교육은 아직도 해방되지 못한 채 우리 자녀에게 식민지교육을 물려주고 있는 현실이다.

"학교 종이 땡땡땡"
공교육은 끝났다

최근 베스트셀러 『사피엔스』 저자요 이스라엘 히브리대 교수인 유발 하라리 교수는 "요즘 아이들에겐 학교 공부보다 책을 읽히는 게 더 낫다. 인공지능의 도래와 함께 세상이 혁명적으로 바뀔 텐데, 현재의 교육시스템은 그에 대비한 교육을 전혀 못 시키기 때문이다"라 조언했다. 하라리는 "2050년 구직시장이 어떤 능력을 요구할지 나도 장담 못한다. 확실한 것은 지금 학교에서 가르치는 대부분 내용이 그때쯤에는 쓸모없다는 사실"이라 말했다.

그리고 "다음 세대에 꼭 가르쳐야 할 것은 통상적인 교과목이 아니라 감성 지능emotional intelligence이다. 인공지능이 아무리 발달해도 인간의 '감성'을 흉내 낼 수 없음으로 미래에도 확실한 수요가 있다. 감성 지능과 학습능력은 단순히 교과서에서 배울 수 있는 게 아니며, 어릴 때부터 다양한 책과 지식, 경험을 접해야만 가능하다"고 말하고 있다.

세계의 대학은 벌써 교육의 틀을 바꿔가고 있다. 최근에 강의실 없는 대학 '미네르바스쿨'이 등장했다. 4년간을 한 학기씩 미국 샌프란시스코에서 시작해, 한국 판교, 인도 하이데라바드, 독일 베를린, 아르헨티나 부에노스아이레스, 영국 런던, 대만 타이베이를 거쳐 마지막으로 미국에서 졸업한다. 재학생이 600명인데 하버드대학보다 더 입학 경쟁이 치열하다. 수업을 현장에서 진행하는데 작년 판교 테크노밸리 카카오 본사에서 했다. 학기마다 작품을 만들어야 하는 현실적 공부를 한다.

실리콘밸리에 있는 연구집단 '싱귤래리티대학', 게이츠 재단에서 운영하는 온라인프로그램학교, 구글에서는 '앨트스쿨', 프랑스 자비에 니에Xavier Niel통신회사에서 '에꼴42', 스텐포드대학의 사이버스쿨 등 많은 새로운 학교가 등장했다.

특징은 기존 하드웨어 건물 중심을 벗어나 온라인으로 소프트웨어로 교육하고, 이론보다는 실용적이고 현실적 교육이 진행되고 있다. 대학이라는 이름보다는 실제 학생의 능력을 키우는데 우선을 둔다. 몇 개의 외국어를 구사해서 4차 산업시대에 맞는 사람을 양성하겠다는 말이다.

하지만 우리 교육의 현실은 어떠한가? 현재 학교 교육의 문제점은 여러 가지 중 영어를 말로 구사하는 선생이 절대 부족하다는 점이었다. 영어 교사가 영어로 수업 진행하는데 전체의 60.6%가 '미숙하다, 자신 없다'라 대답했다.

아래 글은 (조선일보, 2015년 9월 15일 자)에 실린 기사다.

국비 연수 다녀와서 토익 600점 받는 영어교사들

작년 191명 미, 영, 호주 행, 1인당 1800만 원까지 지원

공공기관 공무원이 750점인데, 영어 교사가 더 떨어지는 셈

학부모 "애들보다 더 낮은 점수, 어떻게 믿고 학교에 맡기나"

"국비로 연수를 다녀온 일부 초중고 영어 교사 영어 실력이 중학교 상위권 학생보다 더 떨어지는 것으로 나타났다. 작년 4개 시도교육청에서 191명의 영어 교사 대상으로 6개월간 심화 연수를 진행했다. 3~5개월은 국내에서, 나머지 기간은 미국, 영국, 호주에서 연수를 진행했다. 연수비용은 국비로 교사 1인당 1200~1800만 원씩 들어갔다.
연수를 다녀온 뒤 토익시험을 봤는데, 전체평균이 749점이었고, 600점대가 다수, 500점대, 무려 450점 받은 교사도 있었다. 대부분 공공기관과 공기업에서 입사지원자들에게 750점 이상의 점수를 요구한다. 영어를 가르치는 교사 점수가 이 점수에도 미치지 못한 것이었다. 토익시험을 주관하는 미국 ETS(교육평가 위원회)는 600점대는 '짧은 대화나 연설을 듣고 그 중심내용이나 맥락을 이해하는 데 어려움을 느낀다' '쉬운 단어라 할지라도 다른 의미로

사용되면 그 뜻을 추론하지 못할 경우가 많다'라 평가했다.

고등학교 3학년 학생을 둔 양모 씨(50세)는 '우리 아이보다 영어성적이 낮은 교사가 있다니 어떻게 믿고 학교에 맡기겠는가. 아이가 학교 수업 시간에 엎드려 자고 학원에서 공부한다고 해도 말릴 수 없겠다'고 했다. 교육부는 지난달 모든 학생의 입과 귀가 트이는 의사소통 중심의 영어교육을 실시하겠다며 교육과정 개정안 시안을 발표했다."

더 심각한 문제는 말하기 중심의 교육과정에 비해, 아직도 현실은 입시 중심이라는 것이다.

현재 제7차 영어과 교육과정은 듣기와 말하기에 70%를 목표로 하고 있다. 하지만 학교나 학원에서는 학년이 올라갈수록 오히려 글 중심으로 가고 있다. 왜냐하면 선생님 중에 영어로 자기를 소개할 수 있는 사람이 5%를 넘지 않는다고 한다. 그래서 학생들에게 본인이 잘할 수 있는 문법만 열심히 가르치는 것이다. 입시학원도 마찬가지다. 학원테스트에 문법 40%, 단어 30%, 독해 30%를 적용하는 곳이 많다. 이 방법으로는 수능에서 점점 비율이 높아지는 듣기평가에 고득점 받기가 어렵게 된다.

그래서 ETS의 TSE(Test of Spoken English)로 국가별 시험한 결과, 우리나라 말하기는 순위가 전체 108개국 중 105위였고, 아시아 국가 중에서도 최하위가 되었다(ETS 2001). 이것이 부끄러운 우리

나라 학교 영어교육의 현실이다.

얼마 전 현직 중학교 국어 선생님이 학교 현장에서의 경험을 반성하는 마음으로『학교 종이 땡땡땡』이란 책을 냈다. 제목 그대로 현재 학교 공교육은 땡땡땡! 종쳤다. 모든 게 끝났다는 내용이었다. 교권이 무너졌고, 수업이 안 되고, 수업해 봐야 사회에서 써먹지 못하는 구태의연한 지식이라는 내용이다.

시대가 얼마나 빠른가!

인공지능(AI)이 나오고, 우주선이 목성을 탐사하고, IT Information Technology, BT Bio Technology, NT Nano Technology, RT Robot Technology, ST Space Technology… 학교가 도저히 시대를 따라가지 못한다. 배워봐야 써먹지 못해 시간만 허비할 뿐이다.

그래서 빌 게이츠나 스티븐 잡스가 최고의 학교에 다니다 포기하고 바로 사회 속으로 들어갔던 게 아닌가 싶다.

자수성가로 돈을 많이 번 아버지가 있었다. 아빠로서 자녀가 물질에 구애받지 않고 원하는 것을 마음껏 다 해주는 것이 사랑이라 생각했다. 그래서 용돈도 듬뿍 주고 사달라는 것을 다 사주었다. 늘 부족함이 없었던 아이는 청소년이 되자 친구들과 어울려 클럽에 들락거리고 좋은 오토바이를 사서 돌아다녔다.

지켜보다 못한 아버지는 아들을 미국에 유학으로 보내 버렸다. 그리고 돈을 보냈다. 아들은 이제 눈치도 보지 않고 돌아다니며 도박에 마약에까지 손을 댔다. 아버지는 아들에게서 좋지 못한 소식이 들려오자 용돈을 끊었다. 그리고 카드도 정지시켰다. 아들은 미국에서 스스로 할 수 있는 것이 아무것도 없었다.

결국, 아들은 돈을 빌려 비행기를 타고 귀국했다. 그리고 아버지를 살해했다. 그가 아버지에게 마지막으로 했던 말이 "아버지가 나를 이렇게 무능하게 만들어 놓고 이제 와서 뭘 더 바라세요?"였단다. 실패한 한국교육의 한 단면을 보여준 사건이었다.

대드는 것, 말 잘 듣지 않는 것, 공부하지 않는 것, 불평하는 것, 자기 방 치우지 않는 것, 욕하는 것, 정신장애를 겪는 것, 감옥 가는 것, 학교가지 않는 것, 좋은 대학 못 가는 것, 취직 못하는 것… 이것이 요즘 스트레스 속에 살고 있는 아이들의 모습이다.

자녀들이 가장 듣기 싫어하는 말이 "공부해라"라는 말이다. 공부를 하고 싶은 마음이 있어 책상에 앉아 있더라도 부모가 지나가면서 "공부해라"라 말하면 책을 덮어버린다. 아이인들 왜 공부를 더 잘하고 싶지 않겠나. 방법을 모르겠고 앞이 보이질 않아서이다.

그래서 최근 공교육이 무너진 그 빈자리에 '대안학교'들이 속속 자리를 차지하고 있다. 어떤 학교는 영어와 중국어 2개 국어를, 어떤 학교는 영어 중국어 일본어 헬라어와 히브리어 5개국어를 훈련하는 학교도 있다.

학생들의 실력도 대단하다. 중학 2학년생에게 신문 사설을 보고 자기 말로 만들어 전교생 앞에서 대중연설을 시킨다. 그다음 주에는 그 본문을 영문으로 스스로 번역해서 영문연설을 시키는 것이다. 또 200페이지나 되는 『잠언』을 전교생 모두가 한 목소리로 줄줄 외운다. 앞으로는 영어로 된 잠언에 도전한단다.

그러니 고등학교를 졸업하기도 전에 미국 아이비리그 부총장이 찾아와서 일찌감치 학생들을 스카우트해 가고 있다. 이분들이 서울 이름난 SKY대학에 가지 않고 지방 구석지고 허름한 건물로 찾아가는 이유는 이곳에서 배출된 선배들의 실력을 확인했기 때문이다. 이런 대안학교에서는 이미 한글로영어의 능력을 알고 한글로영어 교재로 학생들을 훈련시키고 있다.

일제 이후 교육을 받지 못한 우리 국민이 세계 식민지국 중에서 가장 빠르게 문맹을 탈출했다. 이것은 오직 한글의 힘이었다. 지금 우리나라는 세계 최저의 문맹률에다, 최고의 인터넷 강국이 되었다. 이 또한 한글의 힘 때문이다. 그만큼 우리 한글이 다른 나라의 글보다 쉽고 기능적으로 탁월했기 때문이다.

가령 우리 민족이 한글의 우수성을 알아 좀 더 일찍 모든 백성에게 한글을 보급했더라면, 유럽의 여느 선진국 못지않게 세계를 제패한 강력한 국가가 되었을 것이다.

우리나라가 한글을 제대로 사용한 지가 겨우 120여 년. 한글 사용의 역사와 한국 근대화의 역사가 똑같이 일치하는 것이 바로 이를 증명해 주고 있다.

유대인 학습법과 같은 한글로영어 학습법

헤겔Hegel의 『역사원리』에서 보듯, 3천 년 전 세계 최강대국이었던 이집트가 지금 쇠하게 된 건 언어가 없었기 때문이고, 과거 작고 힘없는 식민지국이었던 이스라엘이 지금 강력한 민족이 된 것은 바로 글의 힘 때문이라 했다.

세계 역사를 보면 우리 민족은 이스라엘과 참으로 흡사하다. 뼈아픈 역사가 그렇고, 훌륭한 글자를 가진 것도 그렇고, 탁월한 학습법을 유산 받은 것도 그렇다. 그런데 한 가지 그들은 탁월한 학습법(학가다, 하브루타)을 계속 이어왔는데, 우리는 일제식민지 이후 잃어버리고 말았다.

AD70년에 이스라엘은 로마 제국에 의해 망했다. 로마는 금화를 만들 때 '유대아 데비쿠트-유대를 정복했다'라는 글과, 로마 군인의 발아래 꿇어앉은 유대 여인을 그려 넣어 승전을 기념했다. 그때 유대인은 패배의 쓴잔을 마시며 디아스포라로 세계 곳곳으로 흩어지게 되었다.

그러나 많은 시간이 흘러 지금 로마 제국은 사라졌지만, 유대인은 세계 모든 분야에서 가장 뛰어난 민족이 되었다. 유대인이 이렇게 된 비결은 바로 탁월한 교육법에 있었다. 로마인들은 아들에게 칼과 창을 물려주었지만, 유대인은 말씀을 가르쳤다. 학가다와 하브루타 학습법은 이 땅의 어떤 칼보다 더 강했다.

유대인은 약 1,500만 명으로 세계 70억 인구에 0.18%, 그러나 노벨상 수상자는 대략 30%였다. 수상자를 보면 경제학은 65%, 의약 분야 23%, 물리학 22%가 유대인 수상자들이다. 미국의 변호사 중 20%, 미국 최고의 재벌 중 30%가 유대인이다.

금융업에 골드만삭스, 시티금융의 샌포드 와일, 영화산업에 영향력 1위인 스티븐 스필버그, 패션업계에 폴로 브랜드를 만든 랄프 로렌, 대형할인점과 백화점의 초콜릿 왕 밀턴 허쉬, 세계적 부자 록펠러, 첨단 IT산업에 인텔사 회장 앤드루 그로브, 세계 최대의 소프트웨어 회사 빌 게이츠, 공동창업자 스티브 발머, 개인용 컴퓨터왕 마이클 델도 유대인이다.

스피노자, 샤갈, 카네기, 키신저, 찰리 채플린, 로스차일드, 조지 소로스, 그린스펀, 버냉키…. 우리에게 익숙한 이름 모두가 유대인이다.

세계를 바꾼 역사적 인물 다섯 명을 꼽는다면 상대성 이론을 만든 아인슈타인, 공산당 선언을 만든 칼 마르크스, 인간의 심리를 파해친 지그문트 프로이드, 물리학의 아버지 아이작 뉴턴, 진화론의 찰스 다윈인데, 그중에 다윈만 빼면 모두 유대인이다.

이것이 유대인 학습법의 결과였다.

유대인 학교에 가서 참관해 보면 엄청난 충격을 받는다.

하루 시간표를 보면, 오전 7시 30분~8시 15분까지 아침 기도회, 식사 후, 9시부터 12시 30분까지 오전 내내 성경과 탈무드 교육을 받는다. 점심식사 후, 15분간 낮 기도회, 1시30분~5시 30분까지 일반학문을 배운다. 이것으로 수업 끝이다.

대학 입시 중심의 우리 처지에서 보면 놀라 기절할 일이다.

유대 학교는 모두가 똑같다. 그런데 유대 학교를 나온 아이들 중에 SAT시험 2,400점 만점자가 수두룩하다. 하버드대학 입학에 2,200점이면 충분하다. 그래서 매해 하버드대 입학생 중 30%가 유대인 학생들이다.

유대 학생들은 "성경을 공부하면 집중이 더 잘되어, 10시간 공부 할 것을 1시간만 하면 머릿속에 쏙쏙 다 들어온다."라 말한다. 이게 과연 믿어지는 말인가?

오전 시간 학습하는 것을 보면 우리와 너무 다르다. 먼저 집에서 말씀을 읽는다. 학교에 와서 다시 반복한다. 입으로 낭독할 때 저절로 외워지는 학습법이 바로 학가다Haggada인데, 이는

Haggada 훈련 스케줄

(창-출-레-민-신: 모세오경)

창세기 1장, 1~2장, 1~3장, 1~4장, 1~5장,

2~6장, 3~7장, 4~8장, 5~9장, 6~10장(10장까지 오랜 시간)

7~11장(가속도 발생), 8~12장 …… 50장 (창세기 완성)

출애굽기, 레위기, 민수기, 신명기 (몇번만 읽어도 암송됨)

'계속되는 이야기-반복'이라는 뜻이다. 반복 교육의 힘이 오늘의 이스라엘을 만들었다. 반복교육 즉 낭독에 유대인은 생명을 건다.

신명기 6:7에 "누웠을 때든지 일어날 때든지"라는 말을 '아침에 읽고, 저녁에 다시 읽어라'라고 해석해 날마다 두 번씩은 기본적으로 실천했다.

유대인은 13세 성인식을 하기 전까지 '모세오경'(창세기, 출애굽기, 레위기, 민수기, 신명기) 전체 5,843절을 기본으로 외운다. 이들이 머리가 좋아서가 아니다. 학습 방법이 특별해서 그렇다.

한글로영어 학습법이 이런 점에서 똑같다. 언어는 공부가 아니고 훈련이기 때문에 가장 효과적인 '반복'과 '진도'의 비율을 적용하게 된다. 진도만 나가면 말 훈련이 안되고, 반복만 하면 발전이 없다.

비유로 보면, 옛 자전거의 원리와 흡사하다. 큰 앞바퀴는 '진도'라면, 작은 뒷바퀴는 '반복'이라 하겠다. 앞바퀴가 한번 돌 때 뒷바퀴는 열 번 돌게 된다. 1:10 정도 반복을 해야 말이 입에 붙게 된다. '진도'는 걱정 안 해도 된다. 초기에 발음이 잡히면 점점 가속도가 나서 나중에는 몇 번만 해도 다 암송이 되기 때문이다.

이러한 학습법은 사실 일본강점기 이전 우리 조상이 해 왔던 방법과 똑같다.

서당에서 천자문, 사서삼경을 외울 때 "하늘 천 땅 지, 검을 현 누른 황…" 머리를 흔들며 눈감고 줄줄 외웠다. 더 잘하기 위해서는 박 바가지를 머리에 쓰고 내 목소리가 내 귀에 울리게끔 외웠다.

이 좋은 학습법을 일본강점기를 거치면서 다 잃어버리고 말았다. 하지만 외국어학습에는 이보다 더 좋은 것이 없다. 유대인들은 이 학습법을 대대손손 지켜옴으로 아이들이 기본 3~4개 외국어를 구사할 수 있게 되었다.

다음은 암송한 말씀으로, 두 사람씩 짝지어 토론(하브루타) 한다. 토론하는 것을 보면 어느 법정의 변호사보다 더 진지하다. 어려서부터 토론법을 배워서인지 세계적으로 유명한 변호사들은 대부분 유대인이다.

교육학에 나오는 학습 피라미드가 있는데, 공부하고 24시간 후 공부 방법에 따라 남아있는 비율을 말해 준다.

강의 설명은 5%, 읽기는 10%, 시청각 교육은 20%, 시범 현장 견학은 30%, 그룹 토론은 50%, 직접 해보기 체험은 75%, 친구 가르치기는 90%로 나타났다.

우리나라 교육은 위쪽 5~30%의 주입식 교육이었다면, 유대인 교육은 아래쪽 50~90%의 효과가 있는 토론식 참여 학습법이었다. 그래서 유대인들은 세계적인 석학들이 수두룩하고 학문적으로 최고를 달리게 된 것이다.

즉 유대인의 학습법의 특징은 두 가지다. 하나는 입으로 낭독(학가다)해서 머릿속에 저장하는 것이고, 또 하나는 저장된 지식을 끄집어내 토론(하브루타)하는 것이다. 그동안 한글로영어에서 해 왔던 학습법이 바로 유대 학습법과 똑같다.

한국 이민역사 100년을 보면, 언어도 국적도 전통도 다 잃어버리고 외국인도 아니고 한국인도 아닌 사람이 되어버렸다. 하

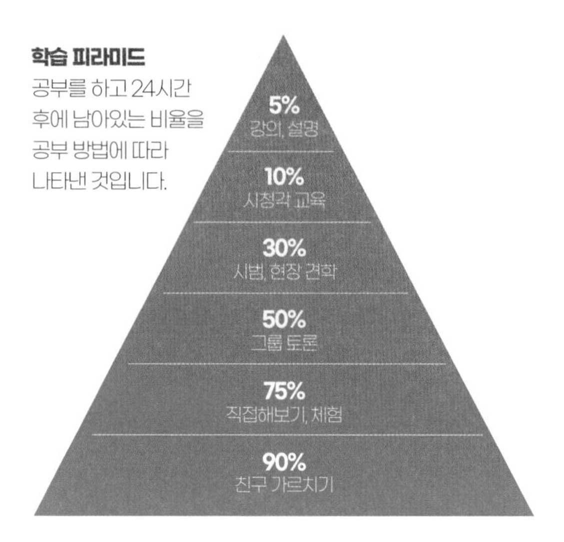

지만 유대인은 수천 년을 남의 땅에서 눈치를 보며 핍박 가운데 살면서도 자기전통을 지키며 세계적 인물을 키워냈다.

우리에게도 위대한 유산 한글이 있다. 한글로영어로 글로벌 인재를 키워내면 세계적 한국이 가능하다.

미국 가면 거지도 하는 영어, 왜 안 되는 거지?

나(장춘화)는 마흔 살에 영어를 시작했다. 큰아이가 6학년, 작은 아이가 3학년 때였다. 나는 시골에 살면서 아이들에게 공부 스트레스를 주지 않으면서 스스로 공부할 수 있게 마냥 놀게 했다. 나의 어린 시절처럼 시골에서 자연을 벗 삼아 신나게 놀았던 것이 아이들에게 좋을 것이라 생각했다.

하지만 막상 때가 되니까, 제일 먼저 영어에 대한 고민이 나를 사로잡았다. 어떻게 영어 교육을 해야 하나? 아무리 공부해도 외국인과 말 한마디도 못 하는 게 우리나라 영어이지 않은가?

사실 우리는 그렇게 넉넉한 형편이 아니었다. 주변을 둘러보면 영어 학습지도 넘쳐나고 영어 학원도 곳곳에 있다. 하지만 말이 될까? 시내에 제대로 된 외국인학원에 보내려면 학원비가

만만치 않았다. 보낸들 우리 아이에게 기회가 얼마나 올까?

'왜 우리는 영어를 고민해야 하는 거지? 영어가 뭔데? 영어도 하나의 언어일 뿐인데?' 강대국의 언어라 국제 통용어가 되어 그만큼 유익을 얻는 현실에 속상했다.

나는 영어가 싫어 영어를 안 해도 되는 역사교육을 전공했다. 서울 동국대를 졸업할 그 해 임용고시가 없어지는 바람에 일할 자리가 없어졌다. 세상에 나와 보니 졸업장보다도 외국어 능력이 수당과 바로 직결됨을 알게 되었다. 지금까지 영어 공부를 이 방법 저 방법 수없이 해봐도 말이 안 되다 보니 포기해버리고, 차선책으로 일본어를 6개월간 혼자서 독하게 공부해 일본 사람처럼 말할 수 있게 되었다. 88년 서울올림픽 때부터 김포국제공항에서 일본어로 일을 했고, 아시아나 항공사 직원들 대상으로 일본어를 가르쳐도 봤다.

하지만 현장에서 일본어보다 영어를 못 하는 나 자신이 얼마나 초라했던지. 영어가 얼마나 중요한가를 새삼 실감하게 되었다.

그래서 덮어두었던 영어책을 다시 꺼내 시작해 보았다. 중학교 1학년 영어 교과서부터 고등학교 3학년 교과서까지 문법을 두 번 독파하고 나오는 회화마다 다 외웠다. 하지만 하면 할수록 공항에서 외국인 앞에 서면 말이 나오지 않았다. 문법에 맞춰 말을 만들려 하니 이미 저만치 말할 기회가 지나갔다. 가주어 진주어가 뭔지, 관계대명사는 뭔지 용어부터가 어렵고, 또 발음은 왜 그렇게 생소하기만 한지, 하면 할수록 답답하기만 했다.

요즘도 마찬가지다. 학교 영어가 특별히 달라진 게 없다. 중학생, 고등학생들이 얼마나 문법에 시달리고 있는가? 학생들의 수준 차이를 구별하기 위해 일부러 문제를 꼬아 어렵게 문제를 만든다.

이렇게 배운 학생들이 졸업하고 나면 기껏 말하길, How are you? Fine, thanks. And you? 하고 나면 더 할 말이 없다. 아니다 요즘은 Where are you from? 한마디 더 한다.

토익 시험도 듣기 위주로 되어있다. 어느 정도 공부하고 나면 대충(?)은 듣는다. 정말 대충 듣다 보니 이게 긍정문인지 부정문인지 아리송할 때가 많다. 그래서 확신이 없다. 그래서 외국인을 만나면 더 긴장 돼 머리가 하얗게 된다. 교육 방송을 듣든 EBS를 보든 다 듣기 위주로 되어있다. 하지만 말은? 도무지 말이 안 된다. 입으로 해야 말이 되는데 말이다.

그러면 도대체 말은 어떻게 해야 하나? 말이란 원래 쉬운 건데, 왜 이렇게 우리나라에서는 어려워진 거지? 돈 없으면 배우지 못하는 건가? 그럼 우리 아이들에게는 기회를 줄 수 없는 걸까?

주변에 돈 많아서 외국에 여행을 보내고, 유학을 보냈다는 말을 들으면 괜한 위축감으로 주눅들 때가 많았다. 어떤 엄마는 그리 여유가 없어도 아이 장래를 위해 힘겹게 유학을 보내는 것을 보니 나는 어떻게 해야 하나 심각한 고민에 빠지게 되었다.

서점에 가봤다. 영어 학습 방법에 대한 책들이 쏟아져 나왔다. 책들을 사 읽어보고 그 방법을 따라 해봤지만, 더욱 더 한계만 느낄 뿐 도무지 되지가 않았다.

과연 유학 안 가고도 집에서 영어 공부하는 방법은 없을까? 재미있게 하는 방법은 없을까? 공부가 아니라 그냥 재미있게 저절로 하는 방법은 없을까? 언어를 알아가고 말을 배우는 우리 아이들, 혀가 가장 부드러운 이 시기를 놓치지 않고 자연스럽게 한국말 같이 배워가는 방법은 없을까? 비싼 돈 안 들이고 배우는 방법은 없을까?

아이들의 영어 문제를 놓고 심각하게 기도했다.

"하나님, 왜 이렇게 비싸고 어렵게 영어를 배워야 합니까? 우리는 돈이 없으면 가르치지도 말고 포기해야 합니까? 미국 가면 거지도 하는 영어인데 너무 불공평하지 않습니까? 기러기 아빠 만들어 가면서 외국 갈 형편도 안 되고, 학습지를 하자니 괜찮은 학습 교사 찾기 힘든 데다 교재비용도 만만치 않고, 그렇다고 포기할 수도 없고….. 어떻게 해야 합니까?"

그렇게 고민하면서 기도하는 중에 큰 음성이 들려왔다.

"한글로 써서 가르쳐라!" "뭐라고요? 한글로 써서 가르쳐 보라고요? 한글로 영어를 하면 말이 돼요? 콩글리시 되는 거 아녜요? 너무 우스워 유치하고 싸구려 같지 않나요?"

그래서 먼저 남편에게 찾아갔다.

"영어를 한글로 써서 가르쳐 보려는 데 어떻게 생각해요?"

"말도 안 돼, 예전 중학교 때 영어문장 밑에 한글 발음 썼다가 선생님께 죽도록 맞은 적이 있어."라며 반대했다.

하지만 나는 우리의 한글을 곰곰이 생각해 봤다. 세계에서 가장 많은 모음과 자음을 가진 우리 한글! 그래서 세계 모든 나라 말을 한글로 나타낼 수 있는 우리 한글! 영어를 한글로 나타낸다면 아이들도 부담 없이 영어를 한글같이 받아들이겠구나 하는 생각이 들었다.

또 우리 동네엔 공장이 많아서 인지 외국인 근로자들이 많이 와 있었다. 중국, 인도네시아, 파키스탄, 몽골, 미얀마, 베트남, 캄보디아, 우즈베키스탄… 그런데 이 사람들이 한국에 온 지 3개월 정도 지나면 한국말을 제법 했다.

장날 시장에서 "할머니, 이거 얼마예요? 좀 깎아 주세요."라며 말을 막 하는 것이다. 6개월 정도 지나면 "사장님, 나빠요!"

라며 우리 욕까지 섞어가며 항의를 해댔다.

저들은 어찌 저렇게 금방 말을 잘 하는 거지? 궁금했다. 알아보니, 우리말 아래에 자기들 글자로 써서 소리로 익힌 단다. 가령 "안녕하세요."라는 말 아래에 필리핀 사람은 자기들의 따갈로그어 글자로 소리를 써 말 아래를 익히는 것이었다. 모든 나라가 다 그랬다. 아하, 그래서 말을 잘 하는 구나 알게 되었다.

그리고 하나님께서도 내게 시켰던 일이 아닌가! 안 하면 다음부터 말씀하시겠나 싶어 한글로 써서 가르쳐 보았다.

꼴통, 시골학교 꼴찌가 5개국어 통역병이 되다

놀라운 일이 일어났다. 아이들이 몇 번 입으로 읽으면 영어가 입에 착착 붙고, 자기 입으로 소리 낸 말은 정확하게 알아듣기 시작했다.

우리 아이들에게 이 한글로영어를 가르치기 시작한 지 두 달쯤 되었을 때 영어로 잠꼬대하는 것을 들었다. 자다 깬 나는 아이의 잠꼬대에 놀랐고 영어로 말하는 것에 또 놀랐다. 알고 보니 잠꼬대는 영어 대사를 외운 것이었다. 정확한 미국식 발음이었다.

이것을 보고 놀란 남편의 부정적인 생각이 깨어지기 시작했다. 심리학 박사인 남편답게 한글에 뭔가 있다는 생각에 온갖 논문과 책을 뒤져보고 현장 답사까지 하더니 마침내 '한글로영어의 전도사'가 되어 버렸다.

영어 잠꼬대 현상은 우리 아이들만 그런 것이 아니었다. 한글로영어를 배운 아이들 대부분이 이런 경험을 가지고 있다.

우리 아들 범석이의 학교 성적은 초등학교 때는 내내 꼴찌 수준이었다. 그것도 시골 학교에서 말이다. 송사리 잡고 동네 또래와 실컷 놀더니 중고등학교 때 와서 그래도 중위권 정도까지 올라갔다. 그런데 영어 하나만큼은 정말 잘했다. 발음도 미국 정통 원어민 발음 같았다. 학교 친구들 사이에서도 영어 잘하는 아이로 명성이 자자했다.

과학습발달상황

세부 능력 및 특기 사항
자신의 생각을 말로 표현하기는 잘 하나 맞춤법에 맞게 글자 쓰는 능력과 짧은 글짓기 능력이 부족함 수학과에 대한 이해 정도는 양호한 편이나 응용문제 계산 능력이 부족하고 계산 속도가 느림 교우관계가 원만하고 인사를 잘 하나 주변 정리 태도가 부족하고 학습 준비물을 챙겨오지 않는 경우가 동식물의 구분과 교통규칙에 대해 말할 수 있으나 사고력과 응용력이 부족하여 전반적인 이해가 느림 리듬치며 노래부르기를 잘 하나 그리기와 만들기의 표현능력이 떨어지고 학습준비물도 잘 챙기지 못하
기초학력의 부족으로 학습에 흥미가 적으며 학습문제에 대한 이해력과 문제해결력이 학반에서 가장 뒤떨어짐. 사고력과 집중력이 부족하고 과제 학습을 안해 오는 경우가 많음

범석이가 시내 고등학교에 갓 입학했을 때 있었던 일이다. 영어 첫 수업 시간에 선생님이 범석이를 세워 영어 교과서를 읽게 했다. 아들은 평소 하던 대로 그냥 쭉 읽어 내려갔다. 그러자 영어 발음을 들은 선생님이 깜짝 놀라서,

"네 부모님 외국 어디에서 생활 했느냐? 무슨 과외를 했느냐? 촌놈이 도대체 어디서 그런 영어를 배웠느냐?"

"엄마한테 배웠는데요?!"

"뭐?…"

그날 이후로 학교에서 범석이는 영어 잘하는 아이로 소문이 쫙 퍼졌다. 범석이는 영어학원에 다녀본 적이 없다. 영어학원만 아니라 보습학원조차 다닌 적이 없다. 그때 기존 학습방법으로 공부했더라면 오늘의 모습은 절대 불가능했을 것이라 확신한다.

2011년 범석이가 고2 때, 미 국무성이 주관하는 미국학교 진학 자격시험(SLEP) 1차에 통과해 1년간 무료로 미국학교를 체험할 수 있었다. 옛날 아인슈타인도 이 과정으로 미국에 1년간 공부했다던 프로그램이다.

그해 범석이는 1년간 미국 루이지애나 고등학교, 그것도 비싼 사립학교에다 장학금까지 받아 가며 다녀왔다. 그곳 교장 선생님이 범석이가 영어를 하는 걸 보시고,

"한국 학생들은 대부분 말을 잘 못 했는데 너는 같은 영어권의 유럽 학생들보다 더 영어를 잘한다."며 칭찬을 해 주셨다.

범석이는 그곳에서 공부에 재미를 붙여 사이언스 페어science fair에 도전해 시 대회 우승, 주 대회에도 우승하더니, 드디어 전국 대회까지 출전하는 경험도 했었다.

한국 학생으로 미 국무부가 주관하는 홈스테이 미국학교 1년간 무료 체험 프로그램은 정말 좋다고 본다. 참가 자격 대상은 중2부터 고2 때까지이다. 성적은 중간이상이면 된다. 최근

늘어나는 홈스쿨이나 대안학교 학생들도 검정고시를 통과하기만 하면 참가가 가능하다.

하지만 미국서 영어 수업을 위해 반드시 진학 자격시험SLEP 통과해야 하는데, 이 시험은 사실 일반 학교와 학원의 문법 위주로 공부한 학생은 통과하기가 어렵다. 왜냐하면 1차 지문시험 후, 2차로 미국 국무부에서 전화를 통한 인터뷰 시험을 봐야 하기 때문이다. 하지만 한글로영어를 했던 학생들은 늘 말 중심으로 훈련해 왔기에 이 시험을 우습게 통과한다.

한글로영어를 하지 않고, 전액 자비로 미국 홈스테이에 간 학생들을 보게 되면 많은 문제가 있었다.

우선 영어를 말로 할 줄 몰라 그곳에 가서 말하기를 두려워한다. 학교 수업은 입 다물고 그럭저럭 따라간다. 시험도 보면 그런대로 성적도 잘 나온다. 문제는 말하기를 두려워한다. 선생님이 물어봐도 대답을 못 한다. 동급생 간에도 대화가 안 돼 친구를 사귀지 못해 늘 외톨이로 지낸다.

집에 와서도 간단한 말밖에 못 한다. 그러니 1년간을 늘 자기 방에 쳐 박혀 지낼 뿐이다. 미국 호스트 가족도 원래 조용한 아이인 줄 알고 그렇게 대한다. 마치 1년간을 감옥 속에 지내다 온 것 같단다. 그래서 대부분 학생이 효과를 얻지 못한다. 이 좋은 프로그램인데 국내에서 말문을 틔워 놓지 못

하고 보내면 이런 부작용이 생기게 된다. 만약 미국 홈스테이 프로그램에 자녀를 보낸다면 부디 말문을 뚫은 다음 보내기를 바란다.

한국에서 중고등 학생 때 홈스테이를 하러 가든 대학생이 돼서 1년간 교환학생으로 가든 미국에 가려는 한 가지 이유는 영어 말을 뚫기 위함이다. 가서 서구의 학문을 공부하기 위해서가 아니다. 영어 말문을 뚫기 위해서이다.

그런데 아들 범석이는 목적이 달랐다. 미국에 보내게 된 것은 한국에서 훈련된 영어를 마음껏 써먹어 보고 또 세상이 얼마나 넓은지 실컷 구경해 보라고 보냈다. 역시 범석이는 이런 멋진 경험을 하고 왔다.

우리 자녀들이 인생의 1년간 부모를 떠나 넓은 세상과 자유로운 미국학교에서 공부해 본다는 것은 정말 짜릿한 경험이다. 기회는 중2~고2 때 단 3년뿐이니, 절대 놓치지 말고 참여시키길 적극적으로 추천한다.

무료 프로그램이라 학교 학습비와 미국 가정에 생활비는 전액 무료다. 단지 미국과 한국에서 학생을 맡아 관리하는 에이전시 비용을 1년간 약 1,500만 원만 지불하면 끝이다. 1년간 한국에서 생활하며 학원 보내고 해도 그 이상이 들 거라 생각했다. 미국무부에서 주관하는 프로그램이라 학교생활이 안전하고 홈스테이 가정 또한 믿을 수 있다.

아니면 개인 돈으로 1년간 미국학교를 체험하려면 학교비용, 홈스테이 비용, 딜리버리 비용, 별도 영어학원과 교재비 등등, 1년간 적게는 1억 원에서 1억 5천만 원까지 드는 것으로 안다. 그렇다고 미 국무부같이 국가 공적 기관이 주는 안전을 보장받지도 못한다. 범석이가 미국 갈 때쯤, 아는 분이 사비로 아들을 미국에 보내는 걸 봤는데 1년간 비용이 1억 4천만 원이나 들었다고 했다.

그 후 범석이는 영어를 익혔던 똑같은 방법으로 '중국어'도 익혔다. 중국어는 모두가 알듯이 글자 배우기가 어렵다. 여기에다 4개의 성조까지 있어 말 배우기가 더 어렵다고 말한다.

하지만 범석이는 한글로영어와 똑같은 방법으로 중국 말소리를 익혔다. 어려운 글자부터 어려운 성조부터 하지 않고, 중국 어린아이가 엄마에게 말 배우듯 소리부터 익혔더니 완벽하게 중국인 발음으로 말을 한다. 말이 되고 나니 그 말에 따른 글자 배우기가 너무 쉬워졌다. 범석이가 고등학교를 졸업할 때쯤, 영어와 중국어 수준이 현지에서 학업을 받기에 별 어려움이 없을 정도가 되었다.

범석이가 고등학교 3학년 때 중국어시험 신 HSK 최고급수인 6급을 3개월 만에 높은 점수로 통과했다. 사실 한국의 대학교

중문과 학생들이 졸업할 때 필히 통과해야 하는 신 HSK 6급, 하지만 통과하기가 여간 어려운 게 아니라고 한다.

그 어려운 시험을 3개월 만에 통과하더니 드디어 중국 유학의 길이 열렸다. 국내에 들어와 있는 공자학당의 추천으로 중국의 명문 상하이자오퉁대학교上海交通大學校 기계공학과(장쩌민 주석의 학과 후배)에 전액 장학생으로 합격하게 되었다. 중국 국비로 4년 동안 학비, 기숙사비, 도서비, 의료비에다 매달 50만 원정도의 용돈까지 나왔다. 중국에서 대학 다니는 4년 동안 내내 집에 돈 달라고 손 내민 적이 없다. 이런 혜택은 학교 내 한국 유학생 중 범석이 한 명뿐이었다. 4년간 대학생활 중에 범석이처럼 중국어와 동시 영어를 잘할 수 있는 한국유학생은 없었다.

한국은 2월에 졸업, 3월에 입학한다. 하지만 중국은 세계 대부분 대학처럼 9월에 입학이다. 그래서 우리 부부는 그 기간 아들에게 대학 한 학기 학비 정도의 돈 400만 원을 손에 쥐어 주면서 미국 전역을 돌아보고 오라며 혼자 미국으로 내보냈다.

미국에는 암트랙Amtrak이라는 철도 티켓이 있다. 이 티켓 하나로 전국을 기차를 타고 돌아다니다가 곳곳에 내려 여행할 수가 있다. 범석이는 샌프란시스코부터 시작해서 서부 전역을, 그리고 로키산맥을 넘어 대륙 횡단을 거치고, 오대호에 있는 시카고, 동부지역 보스턴 뉴욕 같은 대도시와 명문대학을 탐방하고, 다시 남쪽 중부지역 2년 전에 자기가 살았던 루이지애나 홈스테이 집에 가서 며칠간 머물고, 이렇게 해서 드디어 그 넓은 미국대륙 전역을 20일간 혼자서 돌아다녔다. 여행 기간 많은 사람을 만나고 넓은 세상을 맘껏 체험했다고 한다.

호연지기! 우리 부부도 아들이 영어와 중국어로 말을 할 수 있으니 혼자 떨쳐 보내도 별로 걱정이 없었다.

사실 범석이의 실력이라면 미국이든 중국이든 어디든 공부할 능력이 된다. 하지만 저희 부부는 범석이가 미국대학이 아니라 중국대학으로 유학 가길 원했다. 왜냐하면 중국은 미국에 비해 아직 개척할 데가 많아 미래의 황금어장으로 보았기 때문이다. 그리고 우리나라는 지정학적으로 어쩔 수 없이 중국이 더 가깝고 경제적으로나 모든 면에서 점점 더 커지게 될 것으로 예측했기 때문이다.

중국 가서 공부할 때, 범석이는 학교에서 영어와 중국어를 동시에 잘하는 학생으로 알려져 있었다. 그곳에서 한국 유학생들은 "너 한국에서 어느 학원 다녔니?"라 묻고, 중국 친구들은 "네 부모님은 화교이시니?"라 물어 왔다고 했다. 중국 사람들은 자기가 한국인이라 말을 안 하면 모두가 중국인으로 알고 있었단다. 처음부터 한글중국어로 했더니 그만큼 발음이 중국인처럼 자연스럽고 정확했다는 말이다.(유튜브에 '한글로영어'라 검색하면, 범석이 영어와 중국어 실력을 확인해 볼 수 있다)

학기 중 중국에 있을 때는 한영중 동시통역으로 고액 알바가 심심찮게 들어왔다. 방학이 되면 국내 TV에 출연해 영어와 중국어를 동시에 가르치는 강사로 활동했다. 국내 외국어 강사 중 영어면 영어, 중국어면 중국어 하나만 잘하지 둘 다를 동시에 잘하는 강사는 거의 없는 것으로 안다. 하지만 범석이는 하나의 문장을 영어와 중국어로 동시에 강의하니 TV 시청자에게는 일석이조 효과가 있었다. 한글로 영어, 중국어로 강의했더니 너무 쉽고 재미있단다.

범석이는 학교에서 틈틈이 이 학습법으로 일본어를 연습하더니 일본 친구와 소통을 제법 잘한다.

중국 정부로 받는 장학제도가 4년으로 제한되어 있어, 도중에 휴학하지 못하고 4년간 내리 공부를 마치고서 졸업하게 되었다. 중국 내 각 성에서 한두 명 천재들만 온다는 상해교통대학교, 4년 내내 장학금 받아 가며 당당히 졸업하는 아들이 대견해서 할머니까지 모시고 졸업식에 참석했다.

대학 4년이라 늦었지만, 국방의 의무로 군대에 가야 했다. 한 달 정도 집중해서 준비하더니 영어통역병 시험에 덜컥 합격했다. 중국어통역병이 아니라 영어통역병 시험이었다. 영어통역병 시험은 대부분 미국 대학을 마친 청년들이 그것도 재수 삼수를 해야 합격한다. 그런데 한 달 공부해서 합격했으니 말이다. 범석이가 영어통역병이 되었지만, 실제 중국어는 얼마나 더 잘하겠는가!

영어통역병으로 문경체육부대에 자대배치를 받았다. 그곳에는 우리나라 각 종목 국가대표급 선수들 수백 명이 훈련을 받고 있다. 선수들이 종목별 세계대회가 있으면 범석이가 통역사로 해외 출장을 다녀와야 했다. 때로는 부대장과 간부와 함께 각국 군인체육 회의가 있을 때마다 통역요원으로 해외를 다녔다. 부대에는 중국어 통역병이 있었지만 범석이가 중국어통역도 대부분 맡아 일하기도 했다. 일이 많아 힘은 들었지만 부대에서 한글로의 효과에 다시 감사하게 되었다.

범석이가 영어와 중국어 말하는 것을 보고, 많은 선수가 자기도 영어 잘할 수 있게 도와 달라는 부탁이 들어왔다. 국가대표가 영어를 잘하면 손흥민 선수같이 세계무대로 나갈 수 있는 기회가 더 열리니 얼마나 갈급했겠는가. 범석이는 그들에게 한글로영어 교재를 주면서 짬짬이 외국어를 지도했다.

놀라운 일이 벌어졌다. 체육부대라 전체의 80%가 체육선수이고, 나머지 20%는 도와주는 일반 병사들이다. 몇 달 후 나름대로 통계를 내 봤단다. 운동선수 병사는 약 80%가 외국어 훈련에 성공했는데, 일반 병사의 성공률은 겨우 20% 정도로 대부분 중도에 포기했다. 운동선수는 아침에 눈뜨고 밤에 잠 잘 때까지 하는 것이 늘 훈련이다 보니, 몸으로 훈련을 반복할 때마다 입으로는 문장을 암송했단다.

"말하기 훈련이 어렵지 않아요?" 물었더니,

"아뇨, 우리 운동하는 것에 비하면 이건 식은 죽 먹기입니다." 라 대답했단다.

가령 역기선수가 훈련할 때 역기 빈 봉을 들고 앉았다가 서기를 하루에 천 번씩 한다. 그는 한 번씩 일어설 때마다

"아이 마잍 고우 데얼 뽈 월드게임 넥스트 먼쓰 -

I might go there for World Game next month." 라 말하면, 시간도 잘 가고 훈련까지 재미있게 된다고 말 했단다.

범석이는 이 사실을 보고 "외국어 학습에 한글로영어 밖에 없어요. 입으로 훈련만 하면 돼요."라며 더 자신 있게 말하고 다녔다. 본인도 군대 기간에 짬짬이 스페인어를 훈련했다. 그래서 지금은 원어민 만큼 유창한 영어와 중국어, 일상 대화가 가능한 일본어와 스페인어, 조금의 러시아어도 구사할 수 있게 됐다.

"꼴~통~" "시골 학교 꼴찌 했던 아이가 한글로영어로 5개국어를 말하는 통역병"이 된 것이다. 과연 〈좔~ 말이 되는 한글로영어〉라 말할 수 있지 않겠나!

지금은 제대 후, 국가기관 세계 스타트업 지원팀에서 세계에

서 들어오는 특허개발자들과 각 나라 언어를 구사하며 그들을 돕는 일을 하고 있다. 요즘은 필요에 의해서 한글로 러시아어도 배우기 시작했다. 외국어 배우기를 이렇게 쉽게 여기고 접근할 수 있다니 감사할 따름이다.

원어민도 깜짝 놀란 기적의 한글로영어

누나 시인이도 범석이와 같이 한글로영어와 한글로중국어를 훈련했다. 딸은 한국 한양대에서 경제학 전공으로 대학을 마쳤다. 졸업 후 중국어시험 신 HSK 최고급수인 6급을 단 2개월(!) 만에 높은 점수로 통과하더니 드디어 중국 유학의 길이 열렸다. 말부터 먼저 익힌 학습의 결과였다.

중국 북경 대외경제무역대학교 대학원에서 국제무역을 전공했다. 경제 및 국제무역으로는 중국 1위의 대학이다. 시인이도 중국 국비 전액 장학생으로 2년간 학비, 기숙사비, 도서비, 의료비에다 매달 55만 원의 용돈까지 받았다.

시인이도 영어와 중국어를 동시에 원어민같이 잘한다. 대학원 기간 공부하며 북경의 주요 공공 기관에서 일도 했다. 졸업 후에는 전 세계 주요도시 몇 곳에 지원서를 넣더니 홍콩, 뉴욕, 싱가폴 소재 기업채용 담당자와 인터뷰를 거쳐 최종적으로 홍콩 세계적 무역회사에서 고액연봉을 받으며 일을 했다.

시인이도 한글로영어 덕분에 영어와 중국어를 잘하고 스페인어를 말할 수 있다. 최근 보건복지부에서 시행하는 '의료통역사' 중국어시험에 1차 필기시험, 2차 구술시험을 한꺼번에 합격했다. 매년 10여명을 선정하는데 대부분 현지에서 십년 이상씩 살았던 쟁쟁한 중국어 전문가들이었다. 이들과 겨뤄 마지막 18% 안에 들어 '의료통역사'가 된 것이다. 보건복지부 지원으로 6개월간 의대 교수, 외대 전문통역 교수들로부터 강의를 집중적으로 받았는데 훈련방법이 한글로영어와 똑같았다고 말한다. 이렇게 어려운 시험을 단기간에 합격하게 된 것은 바로 한글로영어 때문이라 자신있게 말하고 있다. 내년에는 '의료통역사' 영어시험에 도전하려한다. 그렇게 되면, 국내에 영어와 중국어 동시에 '의료통역사' 자격을 가진 자로 유일하게 된다.

십여 년 전, 시골에서 맘껏 놀며 꼴찌 했던 아이들이 지금은 서너 개의 언어를 완벽하게 구사해서 하고 싶은 일을 마음껏 하며 세계를 자유롭게 다니고 있으니, 과거 그땐 상상조차 못했던 일이 일어나고 있다. 한글로영어 때문이었다.

한국 학생으로 영어와 중국어가 되면 시인이와 범석이가 갔던 장학금으로 유학 가는 길이 있다. 뿐만 아니라 한국인으로 두 외국어가 되면 미국 아이비리그 대학들에 입학하는 길, 영국의 아이비리그라 불리는 Russell Group대학, 인도의 델리대학 같은 명문대학에 갈 수 있는 여러 길이 있다.

우리 아이들만 잘한 것이 아니다. 경주에 살았을 때 10년간 동네 아이들 중심으로 가르쳐 봤다. 누가 '부모는 자기 자식을 못 가르친다'고 했던가. 역시 해보니 대부분 다른 집 아이들이 우리 집 아이들보다 비교 안 되게 더 잘했다.

어떤 아이는 학교에서 영어 말하기대회에 출전하더니 1등이다. 이 아이가 경주시 관내 44개 초등학교 대항 영어 관광가이드 말하기대회에 출전해서 다시 1등을 했다. 이 아이가 오직 한글로영어로 했기에 가능한 일이었다.

얼마 전 그 아이 엄마로부터 문자가 왔다.

"경주 그 외진 시골에서 사모님께 영어를 배웠던 초등학교 3학년 아이가 지금 대학생이 되어 캐나다에 교환학생으로 가 있습니다. 홈스테이 대디, 마미가 묻습니다. '너 혹시 예전에 미국에서 살았었니? 이제까지 한국에서 교환학생으로 온 학생들 중에 너처럼 영어 잘하는 아이는 못 봤어⋯."

영어 뿐만 아니라 중국어까지 잘하다 보니, 그곳에 온 유학생들에게 한국어와 중국어도 가르치기도 했다고 한다.

어떤 아이는 아빠가 자녀교육 문제로 시골에서 울산 시내로 이사를 갔다. 울산에서 이름난 학원, 원어민 학원에 몇 달 두루

하정 · 민우맘
경주 그 외진 시골에서 사모님께 영어 배우던 초등학교 3학년 아이가 지금 대학생이 되어 캐나다에 교환학생으로 가 있습니다 · 홈스테이 대디 · 마미가 묻습니다 ·· "너 혹시 미국에서 살았니?이제까지 한국에서 교환학생으로 온 학생들 중에 너처럼 영어하는 아이는 없었어 ·· " 사모님~~^^감사합니다 ·
2019년 3월 22일 3

한글로영어 장춘화
하정 · 민우맘
다음에는 하정이가 중국장학생으로 가면 너의 엄마 아빠 화교니? 하고 묻겠죠~?!^^
2019년 3월 23일 1

다녀봤단다. 1년 후, 버스를 두 번씩이나 갈아타고 다시 시골 한글로영어로 찾아왔다. 이유를 들어보니 다른 학원들은 재미없어 못 다니겠단다.

나중 울산에 간 이 아이도 학교에서 영어 말하기대회에 1등 했다고 엄마가 선물 한 꾸러미를 들고 찾아왔다. 이런 사례는 사실 너무 많다. 한글로영어의 소문이 인근 경주와 울산에 점점 알려지기 시작했다. 그때 이야기를 소개한 책이 10년 전에 쓴 『원어민도 깜짝 놀란 기적의 한글영어』였다.

서울로 이사 온 후, 엄마아빠들 대상으로 한글로영어 학습법을 소개했다. 강의를 들은 부모가 우리 교재를 가지고 집으로 가서 자녀들을 직접 지도하기 시작했다.

3개월이 지나면서 결과들이 속속 나타났다. 아이들이 자신감이 넘치고, 성격이 바뀌고, 덩달아 다른 성적도 올라가고, 좋은 학교에 입학하고, 국가에서 운영하는 영어 영재원에 들어간 아이도 있었다.

어떤 아이는 ADHD 주의 결핍 장애로 걱정거리였었는데 한글로영어를 하면서 회복이 됐단다. 한글로영어해서 좋은 점은 원어민 같은 발음에다 실력도 바로 나타났지만, 무엇보다 아이들이 행복해 진다는 점인데 이런 놀라운 결과들을 이 책에 다 기록할 수 없을 정도로 많다.

어른들도 성공했다. 75세, 심지어 80세 어른도…

찾아와서 "내가 잘하고 있는지 모르겠다"며 걱정하는데 보니 입으로는 영어를 주절주절 말하고 있었다. 80쯤 되신 한 어르신 분이 찾아와서 하는 말이 "이 늙은이가 한글로영어를 하면서 평생 맺혔던 한이 다 풀렸다." 며 눈물을 흘리며 고마워했다.

어떤 분은 외국에 나가 열흘쯤 지나 보니 알게 됐단다. 급한 일이 생겼는데 그동안 입에 넣어뒀던 영어가 그때 생각 없이 막 튀어 나오더란다.

이런 분들 중에 한글로영어 보급에 사명감을 가지신 분들이 많이 나타났다.

모 대학 영문학 교수님이셨던 분이 오셔서 "한국의 영어는 전부 잘못됐다. 한글로영어가 정답이다"라며 지금은 한글로영어

홍보에 적극적이시다. 또 다른 한 분은 영문학 교수로 모 대학교 부총장까지 하신 분이신 데 사죄하는 마음으로 남은 평생을 한글로영어를 보급하며 살겠다고 하신다.

이렇게 시작된 한글로영어는 지난 십여 년간 보다 더 효과적인 방법을 찾기 위해 수 없는 실험을 거쳐 왔고, 여기에다 뇌과학과 교육학적 이론을 바탕으로 교재개발을 완벽히 준비할 수 있었다. 이제 한글로영어를 통해 외국 안 가고 집에서, 돈 안 들이고도 유학하는 효과로 외국어를 뚫을 수 있게 되었다.

특히 코로나19 팬데믹으로 전 세계 학생들이 비대면 학습을 한다고 우왕좌왕 하고 있을 때, 한글로영어 6개국어 교재로 집에서 스스로 학습할 수 있어 최고라 말한다.

뇌 과학이 증명하는 한글로영어 학습법

한글로영어는 말부터 하는 외국어 학습법이다. 외국어는 말부터 먼저 해야 글 또한 배우기가 쉬워진다.

모든 사람이 모국어를 배울 때와 똑같은 순서이다. 처음 아이가 엄마에게 말 배울 때를 생각해보라. 말은 아이가 엄마에게 말 배우듯 소리로 해야 말이 된다.

"엄마 저게 뭐야?"

"저건 나무야, 나무."

"아~무~"

"아니, 천천히 따라 해 봐. 나–무–"

"나–무"

"옳지. 나무. 잘했어" 이렇게 엄마가 먼저 말을 해주고, 아이는 소리를 따라 하면서 말을 익혔다.

먼저 '듣고, 말한' 다음에 '읽고, 쓰기'를 하면 쉽고 점점 빨라지게 된다. 그저 외국 말을 제주도 방언 하나 익힌다 생각하고 부담 없이 소리로 익히면 된다.

하지만 우리나라 외국어 교육은 '읽고, 쓰기'부터 하다 보니, 아직도 '듣고, 말하기'가 안 되고 있다.

먼저 소리로 말부터 훈련해 보라. 기적이 일어난다. 그래서 한글로영어의 학습법은 기존의 학습법과는 완전히 다르다. 생각도 바꾸고, 학습교재도 바꾸고, 학습 방법과 틀이 완전히 거꾸로다.

그래서 한글로영어 학습법을 알게 된 사람들이 하나같이 "이 영어학습법은 가히 혁명적이다."라 말한다. 하지만 혁명적인 것이 아니다. 오히려 이 언어학습이 바른 순서이고, 기존 학교의 문법식 학습법이 잘못돼 거꾸로 된 것이라 힘주어 말한다.

뇌 과학이 이를 증명해 주고 있다.

사람의 뇌 속에는 언어 뇌Language Brain가 두 곳에 있다. 하나는 좌뇌 전두엽 눈썹꼬리 밑에 '브로카 영역Broca's Area'이라는 말하는 부위가 있고, 또 다른 하나는 뒤쪽 후두엽에 '베르니케 영역Wernike's Area'이라는 글 뇌가 있다. 브로카는 소리를 '듣고 말하기'를 관장하고, 베르니케는 글을 '읽고 쓰기'를 관장한다.

더 중요한 사실은 브로카 뇌는 귀의 청각신경과 직통라인이 되어 있다면, 베르니케 뇌는 뒤통수 쪽에 있는 시각신경과 연결되어 있다는 점이다. 즉 외국어를 말로 잘하려면 브로카 뇌를 깨워야 하는데 반드시 귀와 입을 훈련해야만 말이 되는 것이다.

그런데 우리나라 대부분의 영어학원에 가보라. 입으로 말 훈련하지 않고 시종일관 눈으로 책을 읽으며 시험을 위한 공부로만 해 왔다. 그러니 말이 될 리가 없다. 입으로 안 해 봤으니까. 즉 글 중심의 베르니케 뇌만 사용했다는 점이다. 대신 책을 읽고 글쓰기는 잘한다. 눈으로만 했으니까.

글 중심 베르니케 뇌 학습법의 더 큰 문제점은, 말 훈련이 충분히 되지 않은 상태에서 글로써 외국어를 공부하면 글이 너무 어려워진다는 점이다. 말이 안 된 상태에서 조동사 관계대명사 부정관사 문장 5형식… 용어가 더 어렵다. 영어 잘하는 미국 아이들도 이렇게 말 배우지 않았고, 우리도 이렇게 한국어를 배우

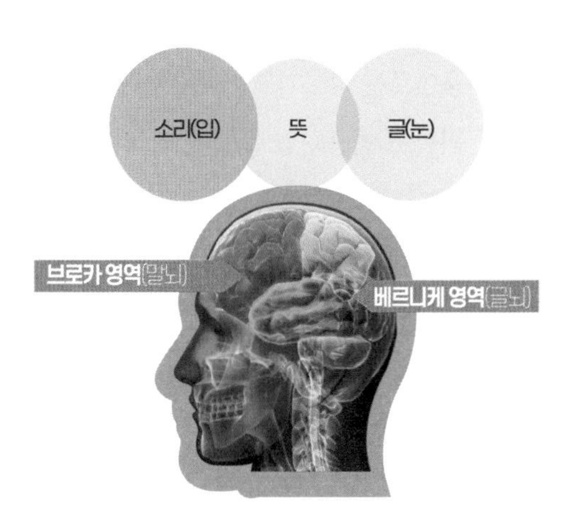

지 않았다. 그들도 엄마에게 소리로 말 배우고 욕까지 다 배우고 나서, 학교에 들어가 겨우 abc… 받아쓰기하며 글 배웠다. 처음 받아쓰기할 때 철자가 틀리고 엉망진창이었다. 하지만 말이 되니 알파벳 익히고 나서 쉬운 동화책에서부터 점점 어렵고 전문적인 책까지 읽어 나가는 것이다. 정답은 먼저 말이 되어야 글이 쉬워진다는 것이다.

또 한 가지, 브로카 뇌는 운동언어 영역인 데 반해, 베르니케 뇌는 감각 언어 영역이다. 브로카가 운동언어 영역이란 말은 언어를 '공부'로 하면 안 되고 '운동'하듯이 훈련을 통해 연마된다는 뜻이다. 그래서 브로카 뇌 학습법은 입으로 소리를 내면서 '훈련'해야 말이 된다.

입으로 소리 내어 읽는 방법을 '암송'이라 한다. 입으로 암송을 하면 머리를 거치지 않고 바로 입에서 튀어나오게 되는 것이다. 이를 심리학 용어로는 암묵기억Implicit Memory이라 하는데 마치 키보드 연습, 피아노 연습처럼 몸이 기억해 저절로 움직이는 것과 같다.

그렇다고 베르니케가 필요 없는 것이 아니다. 글 모르는 시골 할머니라도 말은 다 할 수 있다. 브로카 뇌는 열렸지만, 베르니케 뇌에 글로 지식을 담지 못해서다. 그래서 브로카 뇌로 말문을 틔운 다음 책을 읽어야 한다. 그러면 베르니케에 글(감각 언어)이 쌓이게 된다. 이렇게 '암기'하는 것을 심리학 용어를 외현기억Explicit Memory이라 말한다.

브로카 뇌와 베르니케 뇌, 운동언어 영역과 감각 언어 영역, 듣고 말하기와 읽고 쓰기, 입귀와 눈, 훈련과 공부, 암송법과 암기법, 암묵기억Implicit Memory과 외현기억Explicit Memory, 이 둘 간이 차이를 알고 외국어학습에도 적용해야 한다.

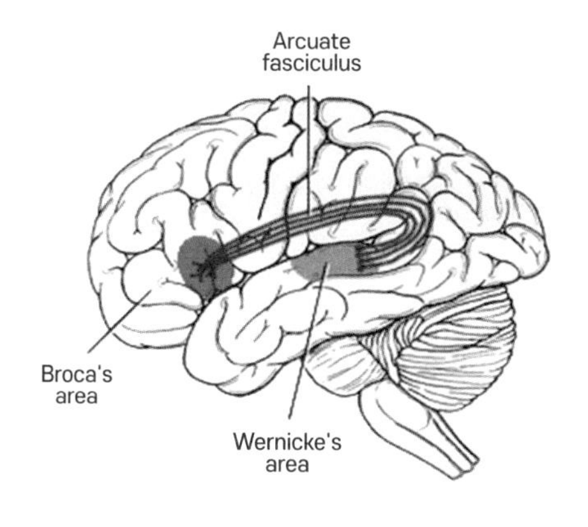

장난감보다 더 재밌다는 6개국어 사운드북

브로카 뇌로 훈련 120시간 정도면 말문이 터진다. IQ가 낮아도, 가방끈이 짧아도, 나이든 노인이라도 별 차이가 없다. 훈련시간과 직접적인 관계가 있다. 많은 분이 "나는 머리가 나빠서요."라 걱정한다. 아니다. 지금 브로카 뇌로 이렇게 한국말도 잘하지 않는가? 이처럼 브로카 뇌는 머리 좋다고 말 잘하는 게 아니다.

단지 인생에서 딱 두 번, 생후 3세 이후 모국어를 배울 때, 그리고 초등학교 3학년 때에는 예외다. 3살 때는 엄마가 가르쳐주지 않은 것도 옹알이하면서 다 배운다. 초등 3학년 때는 친구들과 장난치며 말을 갖고 논다. 이 두 시기를 '언어의 기적 시기Language Miracle Age'로 생존하는 세계적 언어학자 노엄 촘스키Noam Chomsky가 말했다.

조기에 외국어학습 하는 것이 좋은가 나쁜가? 학자들 간에 이론이 분분하다.

정답은 어린 나이에 글로 공부하는 학습법(베르니케 학습법)은 절대로 시키지 마라. 엄청난 부작용이 생긴다. 재미나고 신기한 언어세계를 딱딱한 공부로 하면 메마른 사막이 되고 만다.

대신 재미나게 소리의 세계를 아이들에게 노출시켜보라. 공부가 아니고 놀이다. 모국어뿐만 아니라 4~5개 외국어도 신기한 놀이가 될 것이다. 말을 가지고 놀 수 있다. 기적 같은 일이 벌어지게 된다. 한글로영어, 중국어, 일본어, 스페인어, 러시아어, 베트남어… 줄줄이 다 한다.

6개국어로 된 한글로 교재를 4살 된 아이들에게 보여줬더니 장난감보다 더 재미있게 가지고 논다. 값비싼 자동차 장난감은 몇 번 갖고 놀다 싫증을 낸다. 하지만 소리 나는 6개국어 그림책은 보고 들으며 또 가지고 논다. 할아버지와 손녀가 함께 갖고 노는 최고의 장난감이 된다. 아이에게 이렇게 신기하고 재미난 세상이 있구나! 보여만 주면 된다. 부디 이 두 시기를 놓치지 말기를 바란다.

축구선수 박주호 선수의 아이들 나은이와 건후가 말하는 것을 보라. 6살 나은이는 4개국어를 말한다. 6개국어를 말하는 스위스 엄마가 말을 가르치고 있다. 글로 가르치지 않고 재미있게 말을 노출하기 때문에 가능하다. 요즘 나은이는 동생 건후에게 말을 가르친다.

초등 3학년 때부터 소리로 말을 가르치면 마치 스펀지처럼 빨아들이는 것을 보게 된다. 교육부에서도 이 이론 중 한가지만 알고 있어 초등 3학년 때부터 영어 수업을 시작한다. 하지만 접근이 크게 잘못됐다. 이때는 말과 소리를 노출시켜야 하는데 글과 공부로 잘못 가르치고 있기 때문이다.

초등 3~4년 때는 말 훈련을 충분히 시키고 5학년이 지나면서 글을 가르치면 된다. 5학년때쯤 아이 입에 붙어있는 영어 문장들을 가지고 컴퓨터에 워드 치기를 시켜보라. 중학교 들어갈 때 즈음이면 영어소설 책을 줄줄 읽으며 워드를 치게 될 것이다. 영어뿐만 아니다. 중국어, 또 다른 외국 말도 이렇게 할 수 있다.

우리나라 영어는 순서가 거꾸로 됐다. 먼저 글부터 공부하다 보니 아직도 말할 줄 모른다. 말도 못 하면서 글 배우려니 영어가 무지하게 어렵다. 말부터 하는 브로카 학습법이 외국어학습에 바른길이고 지름길이다.

"나는 나은이 엄마처럼 6개국어를 말할 수 없는데 어찌 우리 아이들을 가르칠 수 있단 말인가? 영어 원어민 선생을 붙이려해도 그 비용이 엄청날 텐데? 그것도 언어마다 원어민 선생을 어찌 다 붙여야 한단 말인가? 그렇게 한다고 해도 과연 효과를 거둘 것인가? 몇 번 다시 말해 달라면 짜증부터 낼 텐데?"

그래서 한글로영어에서는 원어민 대신 말해주는 완벽한 도구를 만들어 놨다. 소리 나는 전자북과 사운드펜이다. 소리 나는 책 안에 원어민 성우 6명을 넣어 놨기 때문이다. 그리고 앱App을 개발해서 언제 어디서든 스마트폰을 통해 무한반복으로 듣고 따라 할 수 있게 했다. 원어민 선생은 두세 번만 반복하면 짜증 내지만, 말해주는 사운드펜은 백번 천번 말해 주고, 새벽 2시에도 친절히 말해준다.

외국어를 익히기 위해 반드시 훈련해야 할 〈스토리, 문법, 패턴, 단어 세트〉로 완벽히 만들었다. 또 같은 문장을 6개국어로 동시에 작업했다. 이 모든 교재가 소리 나는 전자북으로 무려 12만 6천 개의 문장소리를 넣었다. 지난 3년간 애니메이션 제작 전문가와 화가, 7개국의 시나리오 작가, 각 나라 남녀노소 성우들, IT기술자들, 도합 80여 명이 뭉쳐 땀 흘리며 작업해 드디어 완성을 보았다. 정말 힘든 작업이었다.

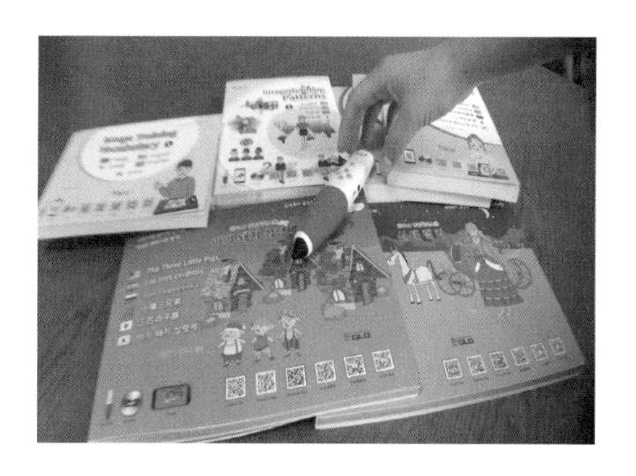

이 교재 세트가 나온 후, 세계 최대 문구회사 STAPLES사에서 이 교재 세트를 보고 하는 말이 "저희 매장은 전 세계에 8,000여 곳이 있습니다. 어디에 어떤 새 제품이 개발됐는지 손바닥 보듯 다 압니다. 우리에게도 사운드펜이 있습니다. 하지만 한글로영어처럼 〈스토리, 문법, 패턴, 단어 세트〉를 모두 6개국어로 완벽하게 만든 컨텐츠는 세계 처음 봤습니다. 대단합니다."라며 칭찬을 아끼지 않았다.

이렇게 힘들게 교재를 만든 이유는 120년간 한국의 고질병인 벙어리 영어, 벙어리 외국어를 이렇게 해야 말문을 열 수 있다고 자신했기 때문이다.

사실 말을 익히는데 돈 들일 이유가 없지 않는가? 엄마가 말 가르칠 때 돈 들이며 가르쳤던가? 외국어 훈련도 마찬가지다. 한두 달 학원비 정도 가격이면 원어민 여섯 분을 집안에 모시는 것과 같다. 이 하나면 모든 외국어가 해결된다. 온 가족이 돌아가며 사용하고 대대로 물려줘도 된다.

우리나라는 1년 사교육비로 20조를 허비하고 있다. 영어 문제로 기러기아빠가 되어 부부가 떨어져 가정이 파괴되고 있다. 그렇게 해도 해결이 안 돼 인재 낭비, 시간 낭비만 하고 있다. 젊은이들이 결혼하지 않고, 아기를 낳지 않으려는 이유가 깊이 들어가 알고 보니 외국어 교육비 때문이었다.

교육의 낙원 스위스, 금융 중심의 홍콩 싱가폴, 미래 교육의 선두 핀란드처럼 우리도 3~4개국어를 구사할 수 있다. 방법은 눈으로 공부로 하지 않고 입으로 말 훈련하는 것이다. 입으로 '암송(학가다)'해서 4개국어를 말하는 유대인의 학습법이나 우리 한글로영어 학습법이 똑같은 원리였다.

100년 전 스위스는 척박한 산골 가난한 나라였다. 주변에 프랑스 독일 이탈리아 오스트리아 강대국에 둘러싸여 아빠들이 용병으로 나가 목숨 값으로 살았던 나라였다. 지금 이들은 세계 2위로 잘 사는 나라가 되었다. 주변 4개국어를 모국어로 익혔기 때문이다.

우리 한반도도 주변 미국 중국 일본 러시아 이 네 나라가 둘러치고 있다. 네 나라 모두가 세계 최강 '빅 포(Big 4)'라서, 우리는 지금도 분단의 아픔을 가지고 있다. 주변 네 언어를 뚫는 것이 우리나라의 힘이다. 그래서 한글로영어 교재 안에 영어와 중국어, 일본어, 그리고 러시아어를 넣었다.

외국어학습에 필히 한글 사용해야 하는 네 가지 이유

외국어 학습에 가장 중요한 것이 한글이다. 이미 우리는 외국어를 하는데 글을 '읽고 쓰기'부터 하는 것이 아니라, 소리로 '듣고 말하기'부터 해야 함을 알게 되었다. '듣고 말하기'를 위해 반드시 한글을 사용해야 할 몇 가지 이유가 있다.

첫째, 한글로 해야 원어민 발음을 정확히 낼 수 있다.

소리 언어를 표기하는데 발음기호로 한글이 최고다. 영어의 알파벳으로 조합해서 만든 소리의 수는 500여개고, 일본어의 히라가나 가타카나 조합으로 만든 소리는 기껏 250여 개 못 된다.

하지만 한글로 만든 소리의 수는 무려 21,150개의 음을 표기하게 된다. 여기에 몇 개의 부호를 더하면 바람 소리 짐승 소리 세상의 모든 소리까지 표기할 수 있는 것이 한글이다. 한글로 외국어의 연음과 축음을 그대로 적어 말하면 거의 원어민 소리를 낼 수 있게 된다.

세종대왕이 처음 한글을 창제한 목적도 중국어를 정확히 표기할 글자를 만들기 위함이 아니었던가. 이것으로 왜어 몽어 거란어도 배울 수 있었지 않았던가.

세계 외국어 잘하는 나라는 대부분이 자기 나라 글자를 발음기호로 삼아 외국어를 익히고 있다. 우리만 이 사실을 잘 모르고 있다. 우리는 이토록 좋은 글자 한글을 가지고도 사용하지 못할 이유가 무엇인가?

한글로영어 표기방법으로 초등학생 영어말하기 대회에 나가봤다. 교내 대회, 시 대회, 도 대회… 대회마다 우리 아이들이 대상, 금은동상을 다 받아온다. 그것도 시작 3개월 밖에 안 됐는데 말이다. 심사위원 원어민교사가 들어보니 한글 표기가 이만큼 정확했다는 뜻이다.

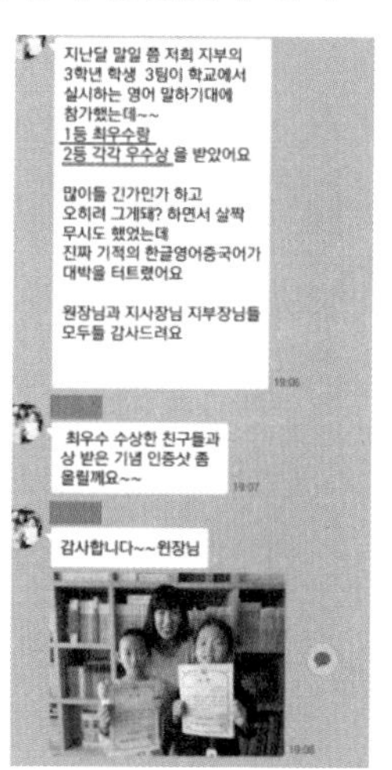

둘째, 한글은 우리 한국인에게 익숙해 눈에 쏙~ 입에 착~ 붙는다.

로마자 발음기호는 읽기가 너무 어렵다. 단어를 표기할 땐 정확하지만, 문장이 되면 연음과 축음이 심해 소리가 완전히 달라진다. 그래서 혹시나 틀릴까 싶어 자신감 있게 소리를 내지를 못 한다.

하지만 한글은 읽기가 너무 쉽다. 한글로 하면 통 문장 소리를 정확히 표시할 수 있다. 무엇보다 한국인에게 익숙해서 눈에 쏙~ 들어오고 읽으면 입에 착~ 달라붙게 된다. 그래서 자신 있게 말할 수 있는 것이다.

"야채를 다 안 먹으면 공원에 못 간다."

"버츄 캔트 고우루더 팔크 이뿌돈 삐니쉬 유얼 베지터블즈."

"But you can't go to the park if you don't finish your vegetables."가 된다.

'But you'가 '버츄'로, 'go to the'가 '고우루더'로, 'park'를 '팔크'라 발음해야 한다. 'if you don't'이 '이뿌돈'으로 연음축약이 되고, 나머지 f발음, r발음, v발음, th발음을 부호대로 발음하면 정확한 원어민 발음이 나온다.(특수부호 설명은 P191에 참고)

지금 위의 문장을 한번 읽어보라. 처음엔 천천히 또박또박 열 번 정도 읽으면, 거짓말같이 내 입에 착착 붙게 되는 것을 경험하게 된다. 과연 한글 표기가 우리에게 얼마나 쉬운지 깨달을 수 있을 것이다.

반대로 위의 영어문장을 처음부터 내식으로 읽어보면 부자연스럽고 미국인이 못 알아듣는다. 읽어보면 알게 된다. 로마자 발음기호 식으로 읽으면 또박이 영어가 되고 만다. 미국 코미디 프로 가운데 한국인 발음을 '콩글리시'라 비꼬면서 또박이 영어 흉내 내는 프로그램이 있었다. 학교에서 배웠던 발음이 미국인 입장에서 얼마나 우스꽝스러웠으면 코미디 프로그램에 나왔겠나. 부끄러운 일이다.

하지만 한글로영어는 결코 콩글리시가 아니다. 원어민 발음을 가장 근접하게 말할 수 있는 글자가 우리 한글이다. 최근 글자 없는 종족인 인도네시아 찌아찌아족에 한글로 글자를 만들어 주었다. 세계 곳곳에 한글 보급이 지금도 일어나고 있다.

셋째, 한글로 해야 자신 있게 말할 수 있다.

영어를 좀 배웠다해도 자신 있게 말 못 하는 것은 영어의 연음과 축음 때문이다. 혹시 내 발음이 틀리지는 않을까 해서 입안으로 우물우물 말을 삼켜버린다. 외국인 앞에 서면 아예 입이 붙어 입 밖으로 쉽사리 내 뱉지를 못한다.

왜 그런가? 무의식적으로 자신에게 말하길, "내 발음은 틀릴 가능성이 매우 높아. 그러니 틀린 것을 외우지 마"라는 신호를 보내기에 내 입에 기억하지 않게 된다. 그래서 말을 못 한다. 자신감이 없다. 글로 보면 알겠는데 소리를 들어보면 생소할 뿐이다.

하지만 한글로 하면 자신 있게 소리를 낼 수 있다. 연음 처리된 한글 발음이 정확하다는 확신이 클수록 더 큰 소리로 말할 수 있다. 그래야 입이 더 잘 기억하게 된다.

하지만 말할 때 머릿속에 문장을 떠올려 조합해서 말하려면 늦어진다. 이때 글 뇌인 베르니케 뇌가 작동하기 때문이다. 한국인이 말을 잘 못 하는 이유가 뇌에서 문법적으로 완벽한 문장을 만들어 놓고 말하려고 하기 때문이다. 그러다 보니 늘 한 박자 늦어 상황은 이미 저만치 지나간다. 하지만 한글로 하면 소리를 입에 붙여 놨기에 바로바로 영어가 튀어나오는 것이 마치 우리가 한국어를 말할 때처럼 말하게 된다.

넷째, 한글로 하면 브로카 뇌가 작동해 소리가 입에 붙는다.

이 부분은 뇌 과학적으로 너무 중요하기에 잘 이해해야 한다. 우선 한글 발음표기로 말 훈련한 사람은 말을 할 때 머릿속에 한글 발음표기가 떠오르지 않는다. 한글 발음표기는 그냥 소리표기일 뿐이다. 하지만 영어글자로 공부한 사람은 말을 할 때 자꾸 영어문장이 떠오르게 된다.

가령 앞에서 "야채를 다 안 먹으면 공원에 못 간다."

"버츄 캔트 고우루더 팔크 이쀼돈 삐니쉬 유얼 베지터블즈."를 열 번 정도 소리를 내어 읽으면 점점 소리가 입에 붙어버린다. 하지만 소리로 익혔던 위의 한글 발음표기를 이제 눈을 감고 눈앞에 떠 올려보라. 애를 써도 쉽게 눈앞에 떠오르지 않을 것이다. 왜 그런가? 이때 브로카-말 뇌가 작동해서 한글은 단지 소리로 입에 붙기 때문이다.

하지만, "But you can't go to the park if you don't finish

your vegetables."를 말로 하려면, 자꾸 영어문장 글씨가 먼저 눈앞에 떠오르고 다음에 그 글씨를 읽으려 한다. 왜 그러한가? 베르니케-글 뇌가 작동해서 그렇다. 이렇게 아무리 오랜 세월 영어 공부를 해서 말하려면 "어~어~"하며 항상 한 템포 늦어질 수밖에 없는 것이다.

한글로영어를 처음 경험해 본 많은 사람이 이렇게 말한다.

"버츄 캔트 고우루더 팔크 이쀼돈 삐니쉬 유얼 베지터블즈."는 읽기가 어려운 데 반해, "But you can't go to the park if you don't finish your vegetables."는 읽기가 쉽다고 말한다. 당연한 말이다. 우리는 오랫동안 '베르니케-글 뇌'만 사용해 오다 보니 위의 영어글자 읽기가 쉬워진 것이고, 반대로 '브로카-말 뇌'로 소리훈련을 안 해봐서 어렵게 느껴지는 것이다. 하지만 소리로 입 훈련을 하지 않고 평생 글 공부만 하면 말이 안 된다. 근본 언어뇌가 다르기 때문이다.

또 한 가지, 그냥 영어로 읽으면 될 걸, 구태여 "버츄 캔트 고우루더 팔크 이쀼돈 삐니쉬 유얼 베지터블즈." 한글로영어로 한 단계 더 거칠 필요가 어디 있나? 의문을 가진다. 대답은 '브로카-말 뇌'와 '베르니케-글 뇌'가 근본 부위가 달라서 어쩔 수 없다는 것이다. 말을 하려면 무조건 소리로 훈련해야 한다.

한글로 소리로 하면 브로카 뇌가 작동하지만, 영어글자로 공부로 하면 베르니케 뇌가 작동한다. 한글은 소리를 적은 표기일 뿐이다.

여기서 중요한 과학적 사실 하나를 기억하자.

브로카 뇌를 여는 것은 귀가 아니라 입이라는 사실이다. 빠른 영어 소리를 귀로 천 번 들어도 안 들리지만, 소리의 뜻을 알고 입으로 열 번만 읽으면 거짓말같이 다 들리게 된다. 경험해 보면 안다.

해 본 분들이 허~ 하며 허탈한 표정을 짓는다. "이렇게 쉽게 들리는데, 평생 왜 이 방법을 몰랐지!" 이때 한글로영어 방법이 얼마나 대단한지 비로소 알게 된다. 이것이 브로카 뇌 과학이다.

사람은 본능적으로 외국어를 익힐 때 자기의 글로 익히려 한다. 아프리카에서 일하는 바이어 분에게 들은 이야기다. 동료 중에서 현지어를 6개월에 막 해대는 바이어는 그 나라 말을 한글로 적어 입으로 익혔는데, 5년이 지났는데 아직도 버벅 대는 사람은 문법식 공부로 했던 사람이라 말했다. 역시 한글을 통해 입으로 익힌 사람의 말이 빠르다는 것을 증명해 주고 있다.

한글로 모든 말을 다 표기할 수 있다

한글로영어 학습법의 특징과 장점은 아래와 같다.

처음부터 말 중심으로 한다.

한글로영어는 처음부터 말로 하는 학습법이다. 글이나 문법 중심이 아니라 처음부터 말 중심으로 한다는 점이 다르다. 말은 브로카 뇌가 담당하고 글은 베르니케 뇌가 담당하기에, 글이나 문법으로 하면 할수록 말은 더 안 될 수밖에 없다.

그간 경험으로 알게 된 것은 영문법을 잘하는 사람일수록 말하기가 어렵다는 것을 발견했다. 차라리 '나는 영어 깡통이다'라 생각하는 사람이 더 빨랐다. 특히 영어 문법에 두려움이 없는 사람, 조금 아는 영어로 말을 막 해대는 소위 얼굴에 철판을 깐 사람이 말을 훨씬 잘한다. 머릿속에 문법적으로 정리하는 단계를 거치지 않고 바로 소리로 들어가기 때문인 것 같다. 아이들이 말을 더 빨리 배우는 이유는 문법을 모르고 바로 소리로 말하기 때문이다.

기존 학교에서의 학습법은 글과 문법 위주로 '공부'로 한다. 하지만 한글로영어는 먼저 말로 하고 입으로 '훈련'하는 것이다. 말하기는 IQ가 낮아도 이미 어른이 되어도 다 할 수 있다. 단지 입으로 훈련을 얼마나 했느냐와 직접 연관이 있다. 마치 악기 하나 배운다 생각하고 편하게 시작하면 된다. 이것이 한글로영어의 특징이다.

한글은 세계에서 가장 많은 발음을 표기할 수 있는 문자이다.

모음 10개와 자음 14개, 24개의 문자를 조합하면 21,150개의 소리로 표기된다. 여기에다 몇 개의 특수부호만 더 붙이면 54,000여 개의 소리를 기록할 수 있다. 이 말은 세상 어떤 소리도 한글로 다 기록할 수 있다는 말이다. 영어는 약 500여 개의 소리, 일본어는 약 250여 개의 소리, 중국어는 400여 개의 소리를 적을 뿐이다.

이 모든 소리를 표현해 낼 수 있는 글자 한글도 놀랍지만, 이 소리를 낼 수 있는 한국인의 입과 혀가 놀랍지 않는가. 일본사람은 죽었다 깨어나도 못한다. '김치'를 못해 '기무치', '맥도날드'를 못해 '마끄도나르도'라지 않는가. 하지만 한글을 사용하는 한국인은 세계 모든 언어를 거의 흡사한 소리로 발음할 수 있는 우수한 발성구조를 가지고 있다.

그리고 한글은 세계에서 가장 발달한 음소문자이다. 음소문자란 글자 하나마다 소리를 낸다는 말이다. 영어는 그대로 안 된다. 가령 head란 글자에서 'ea'는 '에'라고 발음되고, speak에서는 'ea'는 '이'로 다르게 발음된다. 또한 knee는 '니'라고 발음하는데 k는 묵음이다.

또 한 가지 영어는 때에 따라 대문자·소문자로 인쇄체·필기체 4가지로 바뀐다. 규칙이 늘 바뀌니 혼동이 온다. 하지만 한글은 항상 변함이 없다. 그래서 한글은 가장 진보된 글씨라 인정받고 있다.

중국어를 배울 때도 한글이 월등하다. "나랏말사미 듕귁에 달아~" 한글의 시작이 중국어학습 때문임을 기억하는가? 한자漢字는 글자형國, 소리(국), 뜻(나라)이 있다. 그런데 한자보다 중국어가 더 어렵다. 같은 한자라도 우리 한자 소리와 중국어 소리가 다르기 때문이다.

가령 '北京'이 한자발음은 "북경"이지만, 중국발음은 "베이징"이다. "심양瀋陽"을 "센양", "등소평鄧小平"을 "떵샤오핑"…. 보라. 한자와 중국발음이 얼마나 다른지를!

이 때문에 한글이 있기 전 '이두吏頭'를 사용했는데, '同'이라는

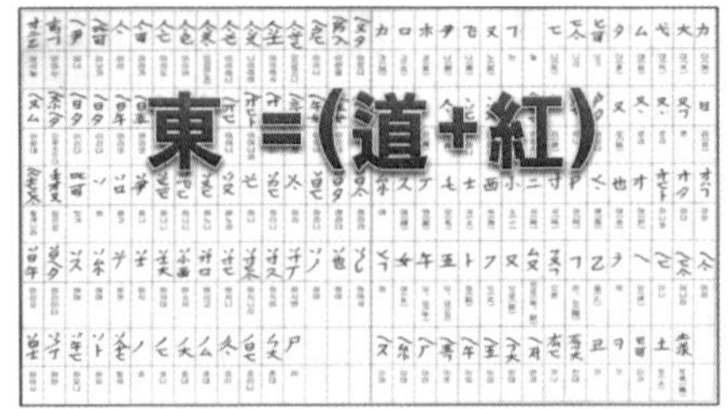

글자 소리를 '徒紅切'이라 표기하고 徒(ㄷ)+紅(옹)=同(동)로 읽었다. 세종께서 한글을 만들고 나서 그냥 '동'이라 읽을 수 있게 했으니 이 얼마나 탁월한 글자였던가!

지금 중국어의 로마자 병음과 비교해 보면 알 수 있다. 가령 '거북선'을 로마자 표기하면 'Geobukseon'이라 쓴다. 하지만 외국인에게 이를 읽어보라면 '게오북세온' 혹은 '제오북세온'으로 잘못 읽는다. 그래서 지금 중국어의 로마자 병음을 외국인이 읽을 때 외국인마다 다르게 읽는 것이다. 이것이 중국어 병음 곧 로마자 병음의 한계이다.

1910년 즈음 중국의 총통 원세개(袁世凱, 위안스카이)가 중국어 병음으로 한글 표기를 붙이려 했다. 그러나 당시 한글은 일본에 망해가는 민족의 글씨라 결국 포기했다는데 참으로 안타까운 일이다.

하지만 한글은 정확하게 중국어를 표기할 수 있다. 지금도 중국어 발음을 정확하게 익히려면 한글 발음으로 해야 가능하다.

언어학으로는 세계 최고인 옥스퍼드 대학에서 전 세계 글자 중 가장 과학적이고 효율적인 글자 1위에 한글을 올렸다.

세계 언어학자들은 '한글은 모든 언어가 꿈꾸는 최고의 알파벳'이라며 세계 공용어로 만들자고 한다. 유네스코에서는 2010년 '바벨 계획'을 제안하여 글자가 없는 소수민족에 한글을 쓰게 하고 있다.

지금 한국은 문맹률이 최저인 나라다. 유엔개발계획에 따르면 2003년 당시 한국의 문맹률은 2.1%로 세계 최저였다. 19세기 말 조선까지만 해도 문맹률은 90%가 넘었다는데, 반만 년간 무지몽매했던 백성이 단 백여 년 만에 갑자기 똑똑한 민족으로 변모한 것은 바로 한글 때문이었다.

이런 한글로 외국어를 훈련하면 정확하고 빠르게 말할 수 있는 것이다.

한글로 하면, 모든 엄마 자기자녀 지도 한다

한글로영어는 학생이 배우기가 쉽고, 교사가 지도하기도 쉽다.

외국어를 말로 하는 데는 한글로 하면 두려움이 사라지고자신감이 생긴다. 원어민 교사가 한국에 와서 스피킹을 가르칠 때 이구동성으로 '자신감을 키우라'고 말한다. 우리나라 사람은 유난히 남을 의식하고 눈치를 많이 본다. 영어를 할 때도 혹시나 틀릴까 봐, 문법에 맞지 않을까 봐 입을 열지 않으려 한다.

사실 말하기에는 수학처럼 정답이 있는 게 아니다. 언어는 의사 전달을 위한 수단일 뿐이다. 그런데 우리는 영어 문법이라는 강박관념에 사로잡혀 말더듬이가 되고 말았다. 정확한 영어를 구사해야 한다는 강박 때문이다.

이민 간 가정을 보라. 아이들이 부모보다 훨씬 말을 잘한다.

이유는 아이들은 실수를 두려워하지 않기 때문이다. 실수는 두려움을 만들고 두려움은 자신감을 깎아 먹는다.

학생들에게 한글로영어로 읽기를 시키면 위축된 자신감을 회복시키는 데 특효약이다. 발음을 듣고 사람들이 다 깜짝 놀란다. 한글 발음이 원어민 발음처럼 완벽하기 때문이다.

"와~ 너 발음 원어민 발음이다"라는 칭찬에 자신감이 넘친다. 발음이 나쁘지 않을까 문법적으로 틀리지 않을까 두려움이 전혀 없다.

지도하는 교사도 가르치기가 너무 쉽다.

내가 영어전공자가 아니어도 할 수 있다. 엄마가 국문학을 전공해서 우리말 가르치는 것 아니다. "엄마, 저게 뭐야?" 그러면, "나무" 라 말해주면 된다.

원어민 교사가 없어도 된다. 엄마가 영어 못해도 〈사운드펜〉이 다 말해준다. 그냥 "소리를 들어보고 5번 같이 읽자"라 하면 된다. 너무 쉽다. 사운드펜이 정확한 미국 성우발음을 들려준다. 문법, 파닉스, 발음법, 연음, 리듬, 4성… 고민 안 해도 된다. 그냥 소리를 듣고 따라 흉내 내면 된다. 이렇게 해야 원어민과 거의 흡사한 발음을 구사할 수 있다.

글로 공부로 하면 엉터리 발음이 된다. 소리를 모르기 때문이다. 사운드펜은 사람처럼 짜증내지도 않는다. 언제 어디서나 바로 곁에서 책을 읽어 주길 기다리고 있다.

한글로영어는 가르치는 선생이 아니라, 이끌어 주기만 해도 되는 가이드 학습법이다. 티칭teaching이 아니라 코칭coaching이다.

영어학습의 평가와 관리도 쉽다.

한글로영어는 결과가 바로바로 눈으로 확인되기 때문이다. 일반 영어학습의 대부분은 1년이 지나고 10년이 되어도 말 못하는 것은 매한가지다. 하지만 한글로영어를 해보면 한두 달 만에 실력이 무섭게 바뀐다. 석 달이 되면 처음 시작하는 아이들과 하늘 땅 차이다.

한글로영어는 그래서 정직하다. 선생님이 집에서 읽은 학생과 읽지 않은 학생을 바로 구별해 낼 수 있다. 읽은 만큼 발음이 그대로 드러나기 때문이다. 읽을 때 뜻을 알고 읽었는지 모르고 읽었는지 바로 표가 난다.

또 실력이 어디쯤 왔는지 중간 평가도 가능하다.

특히 언어학습은 내 실력이 어느 정도인지 평가가 어려워 자칫 중간에 낙심하고 포기하는 경우가 많다. 하지만 한글로영어는 이 문제를 해결한다. 읽었는지 안 읽었는지 들어보면 다 안다. 그래서 평가가 쉽다.

한글로영어는 한국 땅에서 가장 쉬우면서 탁월하게 효과를 거두는 학습법이다. 단언하건대 이보다 더 탁월한 효과를 거두는 학습법은 없다. 말을 하려면 반드시 입을 열어 말을 해야 한다.

돈 버는 학습법,
7만개 일자리 창출

한글로영어는 너무 쉽다. 공부가 아니기 때문이다. 영어 깡통도 말할 수 있고, 학교 꼴찌도 정확한 발음으로 말할 수 있으니 자신감이 넘친다. 성격이 달라지고 덩달아 다른 성적까지 올라간다. 영어 스트레스를 한 방에 날려버린다.

기존 학습법은 10년을 공부해도 말 못 하는 것은 늘 똑같다. 한글로영어는 하루하루가 달라진다. 하루 입으로 안 하면 진짜 입에 가시가 돋듯이 표시가 바로 난다. 내 진도를 알 수 있고 내 수준을 알게 된다. 오랜 시간이 걸리지 않고, 3개월 훈련하면 발음이 잡히면서 말문이 터진다.

한글로영어를 하면 스피킹 능력이 탁월해진다. 사람들이 자주 "영어의 엑센트는 되요?" "중국어 4성 발음은 잘 되요?" "한글로 읽기만 하면 새로운 말도 만들어 낼 수 있어요?"라 묻는다.

미국의 아이들은 처음 영어로 말할 때 엑센트를 공부로 하지 않았다. 중국 아이들도 말 배울 때 그냥 소리를 듣고 따라 하다 보니 정확한 성조가 되었다. 또 문장의 틀만 잡히면 새로운 말을 얼마든지 만들어 낼 수 있다. 사람은 기계가 아니다. 사람은 옹알이 할 때부터 시작해서 끊임없이 말을 창조하는 인간이다.

자전거 타는 법을 아는가. 자전거를 탈 때 페달을 의식하며 밟는가 아니면 그냥 무의식적으로 그냥 밟는가? 훈련을 어느 정도 하면 마치 자전거가 내 몸의 일부가 된 것처럼 그냥 무의식적으로 쭉쭉 페달을 밟게 된다. 언어의 유창성도 자전거 페달을 밟는 것과 같다. 그냥 말이 나오게 된다.

하지만 자전거를 잘 타기 위해서는 처음 기본기를 잘 익혀야 한다. 그래야 균형 잡기, 장애물 관측하기, 핸들과 브레이크, 페달 밟기, 이 모든 것들이 처음에 잘 잡히면 나중에 전문가가 되는 것이다.

영어 스피킹도 마찬가지다. 균형 잡기는 정확한 발음 잡기, 장애물 관측은 연음 축음으로 말하기, 핸들과 브레이크는 사운드펜 듣고 말하기, 페달 밟기는 글에서 눈떼고 말해보기와 같다.

말문 트기로 입이 자연스러워지면 가속도가 붙고 자유자재로

곡예도 하게 될걸. 그냥 직독직해가 된다. 마치 연극배우가 남이 만든 대사라 처음엔 좀 어색했지만, 읽기를 거듭하다 보면 말이 자연스러워지고 섬세한 감정까지 이입되어 즉흥적 대사 애드립까지도 해낼 수 있는 것이다.

한글로영어는 돈이 들지 않는다. 아이가 부모에게 말 배울 때 언제 비싼 돈 들이며 배웠던가. 그냥 소리로 흉내 내며 배웠다. 수백 만 원씩 드는 비싼 영어유치원 보낼 필요가 없다.

소리 나는 책으로 집에서 엄마와 함께 익힐 수 있다. 학원 안 보내고 집에서 할 수 있다. 학원 왔다 갔다 하는 그 시간에 한 번 더 읽는 것이 낫다. 공부같이 책상 앞에 앉아서 하는 게 아니라, 지하철 탈 때, 사람 기다릴 때, 산책할 때, 자투리 시간에 한 문장 입으로 흥얼거리며 익히면 된다.

혹 엄마가 아이를 이기지 못할 것 같으면 그때 학원을 보내라. 이때 반드시 한글로영어를 하는 교사라야 이 학습법으로 지도할 수 있다.

우리 애가 영어 중국어 잘해서 엄마는 덩달아 돈을 벌게 된다.

처음 엄마들이 "한글로영어가 진짜 잘 되는지 우리 애에게 먼저 실험해 보고~"라 하다가 한 달쯤 지나면 놀란 얼굴로 다시 찾아온다.

"대박~입니다. 이거. 돈도 벌 수 있겠네요." 그래서 1년쯤 지나면서 애는 몇 개 국어를 좔좔 말하고, 그 소문으로 돈도 제법 버는 엄마들이 많다. 교재만 있으면 남을 지도할 수 있어서 그렇다.

영문과를 나와야만 영어를 가르치는 것 아니다. 엄마가 내 아이 말 가르칠 때 국문과를 나와서 가르친 게 아니었다. 영어와 중국어 '소리 나는 전자북-펜'이 대신 말해 준다. 교재가 원어민 선생이니 엄마는 관리만 하면 된다. 티칭이 아니라 코칭이다. 놀라운 것은 엄마가 아이 코칭 하다가 영어 중국어를 아이와 같이 좔 말하게 되는 것이다.

한글로영어를 했던 엄마들에게 자주 듣는 말이 있다. "내 입으로 읽은 영어가 아이 입에서 흘러 나와요. 3개월 밖에 안 했는데 내가 아이들을 가르칠 수 있다니, 놀라울 따름이예요."

지금은 4차 산업 시대라 오프라인보다 온라인이 더 중요하다. 에듀테크 환경은 원격/온라인 수업으로 빠르게 전환되어가고 있다. 코로나 팬데믹으로 인해 이 에듀테크 현상은 세계적으로 더 가속화되고 있다. 이때 한글로영어는 자기주도학습으로 가장 효과적인 학습이라 알려지고 있다.

지도하기도 너무 쉽다. 아이보다 내가 한발 앞서가면 지도할 수 있다. 내 아이 지도하던 자신감으로 남의 아이를 지도가 된다. 한글로영어 개발자도 이렇게 해서 시작했다. 말을 가르치는 학습에다 효과가 탁월해서 모두가 다 좋아한다.

전국 초등학생 270만 명, 중학생 130만 명, 도합 400만 명 학생들에게 방과 후 수업으로 탁월하다. 주 2회 1시간씩 3년이면, 영어와 중국어, 제2외국어(일본어, 러시아어, 스페인어, 베트남어 택1)가 OPIc 4단계(간단한 일상회화 가능) 수준이 된다. 몽골에서는 이미 성공해 3년째 진행 중이고, 베트남에서는 하노이 응웬짜이 대학에서 실험 준비 중이다.

무엇보다 국내 많은 일자리를 만든다. 39세 미만의 청년, 경력단절 여성, 다문화가정 엄마가 코치가 된다. "교학상장"(教學相長-배우며 가르치다 서로 성장). 교재가 원어민 선생이라 한글로 학습법만 알면 된다. 연봉 2,500만 원에 4대 보험 조건으로 전국 초중 9,000여 학교 당 6명 배치해도 5만4천 일자리에, 매해 8천 신규 일자리까지 합하면 3년 만에 7만 개가 창출된다. 이 일은 국가 정책적으로 해야 될 일이다.

탁월한 한글로,
탁월한 교재 개발

이어령 교수가 "한글의 우수성 같은 과거의 말보다, 이제부터는 한글의 미래를 위해 대안을 내놔야 한다."라고 했던 말을 기억하는가.

우리는 지난 20년간 한글로 외국어를 학습할 때 놀라운 효과를 검증했다. 하지만 이것은 '과거 한글'일 뿐 이제는 '미래한글'을 위해 대안을 제시해야 했다. 그래서 나온 것이 〈6개국어 말문트기〉교재이다. 이것 하나로 120년간의 한국인의 고질적인 병 '벙어리 영어, 벙어리 외국어'를 고칠 수 있게 했다. 외국어 훈련에 필수 구성인 〈스토리, 문법, 패턴, 단어〉를 세트로 구성하여 제작했다.

우리나라 초등학교 3학년부터 대학교까지 십 수 년 외국어를 공부로 해 왔지만, 아직도 말이 안 되는 이유는 입으로 말 훈련을 안 해봤기 때문이다.

이 교재는 말 훈련하는 교재이다. 120시간(하루 1시간씩 4개월) 정도 훈련하면 외국어 말문이 터진다. 세계적 평가 기준 오픽(OPIc) 9단계 중 '4~5단계' 정도의 수준이 된다(Intermediate Mid-복잡하지 않는 쉬운 대화 가능). 이렇게 말문이 터진 후 여러 책을 읽으면 점점 전문가가 될 수 있다. 이 교재는 말문을 틔우는 데 최고의 교재이다.

외국어 훈련교재는 수학 문제집처럼 한 권씩 읽고 폐지처럼 버리는 것이 아니다. 말문 트기를 위해 [스토리, 패턴, 문법, 단어 세트] 4가지 교재를 동시에 읽고 또 읽어야 한다. 4가지 교재를 수백 번 읽어 책이 너덜너덜 해질 때까지 사용해야 할 교재다.

비유로 말문 트기는 '외국어 말 그릇(소쿠리)' 만드는 것과 같다.

처음, 대나무 소쿠리처럼 씨줄(스토리와 패턴)—날줄(문법과 단어)로 만들어진다.

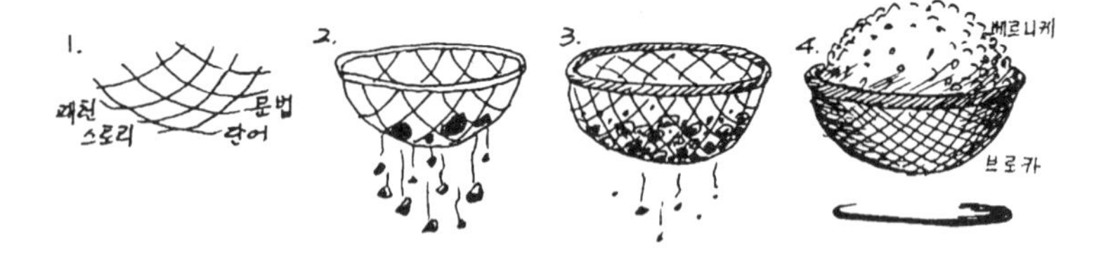

둘, 처음엔 엉성해 단어 몇 개만 들리고, 나머진 줄줄 빠져 알아 듣지 못한다.

셋, 씨줄 날줄이 서로 엮이며 점점 촘촘해져 훈련 120시간 이후 하나의 외국어 그릇이 완성된다.(브로카 뇌)

넷, 이후 그릇 안에 책을 읽고 지식을 담는다(베르니케 뇌 – 드라마 대사, 시사, 경제… / 500~700개의 전문용어 알면 전문가가 됨)

말문 트기(말 그릇 만들기)에 사용할 필수교재는 '스토리, 패턴, 문법, 단어'가 있다. 이 교재들을 함께 훈련해야 언어의 폭이 넓어지고 다채로운 말을 만들어 낼 수 있다.

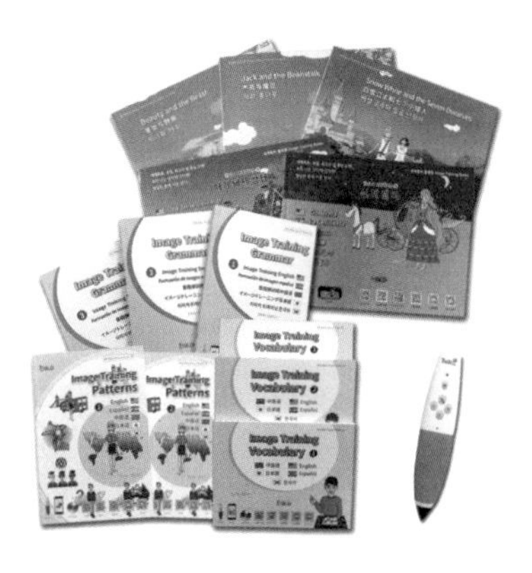

스토리(백설 공주/ 미녀와 야수/ 잭과 콩나무/ 신데렐라/ 아기돼지 삼형제)

세계 최초의 특허로 Speaking Training Book으로 그림을 보며 소리를 듣고 따라 하다 보면 말문이 터지게 된다.

재미있는 명작동화 5권을 다양한 화법으로 단 100문장으로 녹여 놓았다. 각 스토리는 100개의 간결한 문장으로 압축되어 있고 각 문장마다 이미지가 있어 처음부터 끝까지 머릿속에 이미지가 쭉 연결되어 쉽게 암송이 된다. 어느 정도 외운 문장들을 뒤쪽에 가서 글씨 없이 이미지만 보고 말할 수 있게 된다. 문장 암송이 되었으면 텍스트를 보고 읽어나가는 리딩파트 훈련을 시작한다. 뒤쪽에 단어훈련도 이와 같은 방식으로 이루어진다.

모든 스토리는 6개국어로 되어 있고 각국 언어마다 발음에 미묘한 특징이 있다. 이를 위해 사운드펜으로 듣고 따라 읽는 Shadow Speaking을 해야 한다. 스토리 북은 처음 외국어의 발음과 감을 잡기에 최고인 필수 교재이다.

패턴

5개국어로 이루어진 200개의 주요 문장 패턴과 각 패턴의 5개의 예문, 그리고 질문과 답변으로 구성되어 있다. 실생활에서 가장 많이 쓰이는 1,000개의 문장패턴을 입에 확실히 붙여 놓으면 어떤 상황에서도 바로바로 말이 튀어 나올 수 있게 된다. 또 한국어, 영어, 중국어, 일본어, 스페인어, 5개국어의 미묘한 차이를 비교해 가며 재미있게 훈련할 수 있다.

문법

정관사 부정관사 시제 조동사··· 처음 외국어를 공부할 때 문법을 공부로 하게 되면 말문은 막히게 된다. "그는 전화합니다" "그는 전화했습니다" "그는 나에게 전화했습니다" "He calls"

"He called" "He called me" 변화 과정을 입으로 먼저 익혀야 한다. 그래야 그 상황이 되면 저절로 말이 튀어나온다. 외국어는 눈으로 '암기'하는 게 아니라 입으로 '암송'해야 말문이 트이게 된다.

1,500개의 간결한 문장으로 이루어진 한국어, 영어, 중국어, 일본어, 스페인어의 문법을 익힐 수 있게 만들었다. 기존 문법 따로 회화 따로 방식이 아닌, 문장 속에 녹아져 있는 문법을 입 훈련을 통해 배워야 말이 되어 외국어를 익힐 수 있게 했다.

단어

최고 사용 빈도수에 따라 1,800개의 단어를 선정, 그림으로 보고 소리를 듣고 입으로 따라 읽으며 학습하게 되어있다. 1,800 단어이면 일상 90%의 상황에서 소통이 가능하다.

유치원 아이들에게 이 그림책과 소리 나는 사운드펜을 보여주면 장난감 갖고 놀 듯 재미있게 몇 개 국어 단어를 자연스럽게 익히고 말할 수 있게 된다. 부모가 보고 깜짝 놀란다. 영상을 스마트폰(IT Player)앱에 담아 TV에 영상을 보여 주었더니 유치원 아이들이 오가며 저절로 소리를 익힐 수 있다.

미래 열린 교실, 러닝 컨텐츠로 스마트폰을 활용하도록 했다. 출퇴근 시 차 안에서나 산책할 때 활용할 수 있도록 영상(MP4)과 음성(MP3) 파일을 스마트폰에 다운받을 수 있다. 영상 반복 재생, 일시 정지, 끊어 읽기의 우리 특허기술이 내장되어 있어 반복 학습하기에 너무 좋다. 한국인의 벙어리 영어, 외국어를 뚫기 위해 최고의 기술을 접목했다.

모든 문장을 총 6개국어의 글과 소리로 입혔다. 교재 하나로 영어, 중국어, 일본어, 스페인어, 러시아어도 배울 수 있다. 자기가 배우고 싶은 언어를 선택해 공부할 수 있다.

말문트기 한 세트로 온 가족이 함께 집에서 다개국어를 훈련할 수 있다. 외국어를 뚫어 놓으면 몸값이 올라가고 연봉이 올라간다. 자라나는 자녀들의 영어, 중국어, 러시아어… 다개국어를 책임진다. 자녀들에게 외국어를 가르치며 덩달아 엄마의 외국어 실력이 일취월장하게 된다. 집에서 매일 읽는 엄마의 소리를 옆에서 듣고 5살짜리 아이들이 단숨에 영어, 중국어 100문장을 외워 버린다. 평생 영어 말 한번 뚫어 보는 게 소원인 노년분들의 한을 풀어드린다.

최근, 이 교재가 국내 최초로 초등학교 정규수업 영어 · 중국어 교과서로 채택되어 사용되었다(구로구소재 00초등학교). 효과가 탁월했다. 베트남 교육부에서도 관심을 가지고 한 베트남 소재 대

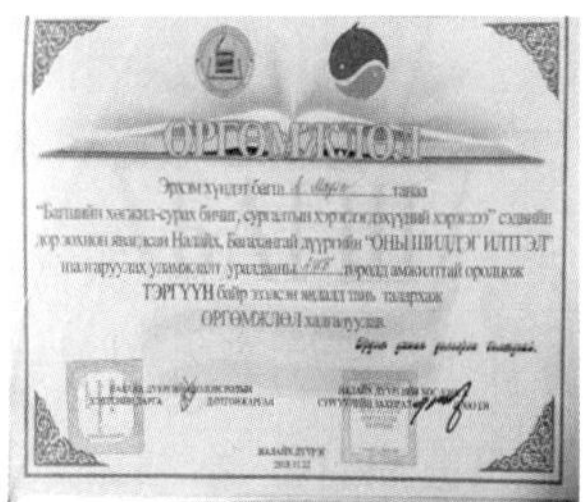

학교에서 시범수업으로 들어갔다. 몽골 국제학교에서는 3년째 본 교재를 사용 중이며 전국 스피킹대회에서 2년 연속 전국 1등을 했다.

"영어 하나도 힘든데 어찌 여러 언어를 할 수 있느냐, 머릿속에서 충돌이 일어나지 않는가"라고 염려하는 사람이 있다. 하지만 두 개 외국어를 동시에 훈련하면 브로카 뇌에 시너지 효과로 재미있고 빠르게 익힐 수 있었다. 세계 70여 개 외국어를 말하는 세계 신기록자도 있었지만, 보통 사람은 기본 10개 언어를 말할 수 있는 능력을 갖추고 태어난다.

한번은 영어 중국어를 동시에 학습하는 아이에게 "grape가 뭐니?"라 물었더니, "푸타오"라 중국어로 바로 대답했다. 영어와 중국어를 동시에 하면 뇌에 혼동이 되거나 충돌이 절대 일어나지 않는다. 뇌 과학에서 브로카 뇌는 두 언어를 동시에 할 때 오히려 시너지효과로 더 활발하게 발전됨을 알게 됐다. 해보면 안다.

어떤 사람은 "이렇게 말로 하면 글이 되요?" "이렇게 하면 학교 성적을 따라가요?" 궁금해 한다. 따라가는 것이 아니라 추월하게 된다. 고등학교에 가서는 대부분 학생이 1~2등급을 받아온다. 지문 파악은 늘 해오듯 쭉 읽기만 해도 그냥 입에서 답이 툭 튀어나온다. 말이 좀 이상하다 생각되면 그게 답이다. 한글로영어에서 늘 해온 것이 말하기가 아닌가?

영어 듣기평가는 식은 죽 먹기다. 정확한 발음으로 말을 해봐야 정확한 소리가 들리기 때문이다. 빠른 소리, 연음이 심한 소리를 내 입으로 발음해보지 않고서는 절대 그 소리가 내 귀에 들리지 않는다. 그냥 웅~하고 지나간다. 한글로영어를 했던 학생들은 하나같이 듣기평가가 너무 쉬워 "이게 문제야?"라 말할 정도다.

오랜 해외 체류생활로 한국인중 영어 하나, 혹은 중국어 하나는 잘하는 사람이 많다. 하지만 영어와 중국어 두 언어 이상을 동시에 잘하는 한국인은 거의 없다. 멀지 않은 홍콩만 가 봐도 국민 대부분이 이중 언어자(bilingual person)들이다. 북유럽, 독일을 가면 대부분 주변국 언어는 기본적으로 구사 가능하고 영어는 굉장히 유창하다.

이제 우리도 제2외국어도 해야 할 때이다. 한글로영어로 말로 하면 두 개 언어은 우습게 뚫어 버린다. 영어 하나도 못 하는 내가 과연 가능할까 라는 부정적인 생각만 걷어내면 된다.

6개국어를 개발하다

한글로 영어를 포함해 6개국어를 학습할 수 있게 했다. 한국어, 영어, 중국어, 일본어, 러시아어, 스페인어, 베트남어, 특별히 힘든 작업을 거쳐 러시아어를 포함했다.

우리 역사를 보라. 홍건적의 난, 임진왜란, 병자호란, 중일전쟁, 러일전쟁, 심지어 6.25전쟁까지, 한 번도 우리끼리 싸운 것이 아니었다. 모두 주변 나라 저희 간에 싸웠는데 전쟁터는 항상 우리 땅에 와서 싸웠다. 우리 조상은 영문도 모른 채 가만히 있다가 우리 땅에서 얻어맞고 피를 흘려야 했다. 우리가 언제 한 번이라도 일본 열도에 들어가 전쟁터로 삼고 쑥대밭을 만들어 본적이 있었던가? 저 넓고 넓은 시베리아 벌판이나 태평양 바다가 싸움장으로 얼마나 좋은가. 그런데 기어코 우리 땅에 들어와 싸웠다. 그 이유를 굳이 찾자면 복배수적腹背受敵(배와 등 양쪽에서 적을 만난다), 한반도 땅이 지정학적 요충지라 그렇다지만 실은 우리가 힘이 없어서 당했다.

임진왜란 당시 기록에 보면, 집안에 산 짐승에 종자씨까지 다 빼앗기고 흉년까지 들어 굶주린 백성들은 먹을 것이 없어 방황했다.

때마침 명나라 이여송 군대가 한양에 입성해 남대문을 지날 때 죽은 시신이 성벽보다 더 높이 쌓였더란다. 명나라 한 병사가 멀미로 땅바닥에 토를 했는데, 이를 본 백성들이 토한 것을 먹으려고 벌떼같이 달려들었단다. 이마저 못 먹은 백성은 땅에 주저앉아 호곡했다고 한다. 이 비참한 역사를 보노라면, 우리 후손들은 두 번 다시 이 일을 당치 않기 위해 피를 받아 붓에 찍어 가슴 깊이 새겨둬야 할 것이다.

우리와 비슷한 반도 국가 이탈리아 로마의 역사를 보라. 그들도 힘이 없었을 때는 늘 피를 봤다. 하지만 힘이 강했을 때는 전 세계를 정복했지 않았는가. 마찬가지 우리나라도 힘을 키워야 한다.

힘은 경제력에서 나온다. 그리고 미래의 경제력은IT Information Technology, BT Bio Technology, NT Nano Technology, RT Robot Technology, ST Space Technology와 같은 4차 산업에 달려 있다.

이런 기술은 지금 50~60대에서는 불가능하다. 스마트폰세대 20~30대 청년들이 할 수 있다.

페이스북 창업자 마크 주크버그는 35세, 더스틴 모스코비츠도 35세, 인터넷 지식시장 Quora의 아담 드 안젤로도 35세, 메사추세츠 기술연구원에서 백만장자 된 드류호스튼은 36세, 인스타그램 창업자 케빈 시스트롬 36세, 구글의 레리 페이지는 46세, 심지어 스냅챗 에반 스피겔은 갓 20대를 넘겼다.

세계 젊은 부자는 모두 IT 사업과 관련이 있고 모두 10대 20대에 시작했고 20대 30대에 성공했다. 이러한데 우리 사회는 이 잠재력 있는 청년들을 어린애 취급하고 그들에게 자리를 내주지 않는다. 단적 예로 현 국회의원 중에 20대 30대가 과연 몇이 있는가 보라.

더 안타까운 것은 지금 우리 청년들에게 언어의 벽으로 둘러쳐져 있다. 10년 전만 해도 국내에서 놀면 됐지만, 지금은 세계가 그물망같이 하나로 연결되었다. 이번 코로나 팬데믹으로 확실해졌다. 앞으로 외국어를 못 하면 진짜 우물 안 개구리가 된다.

그때는 국내시장에서 활동했지만, 지금은 세계 180여개 나라에 나가 활동해야 한다. 그래서 삼성은 이제 SKY 출신을 보지 않고 외국어 능력과 인성을 보게 된다. 외국 바이어를 만나보면 국내 S대가 어떤 대학인지 모른다. 관심도 없다. 제품에만 관심이 있다. 그래서 제품에 대한 깊은 대화를 위해 그 나라 언어로 말할 수 있어야 하고 그들의 문화에 대해 공부를 해야 한다. 이게 진짜 실력이다.

지금 우리는 어른들이 사고가 막혀있고 청년들도 그 사고를 그대로 답습하고 있다. 바늘구멍 같은 공무원시험밖에 모른다. 눈을 전 세계로 돌리면 우리 능력있는 청년들이 할 수 있는 일이 너무 많아 깜짝 놀란다. 언어만 뚫리면 할 일이 너무 많다.

그런데 한글로영어로 하면 이토록 쉽고 빠르게 할 수 있는데 편견에 눈이 어두워져 있다. 세계 최고 보물 한글을 가지고도 벙어리로 살고 있다. 저 위의 세종대왕께서 보시고 가슴 치며 통탄의 눈물을 흘리실 것만 같다.

이제 우리 청년들은 주변 4대 강국 미국과 일본, 중국과 러시아로 나가 그 땅을 접수해라. 옛날에 총칼 들고 우리 땅에 들어왔지만, 지금은 우리가 언어를 뚫고 언어를 가지고 나가야 한다.

먼저 한국 땅에서 6개월간 한글로영어 학습법으로 그 나라 말문 트기를 해보라. 그리고 현지로 가서 1~2년간 그곳 사람들을 만나 6개국어 이 교재로 함께 갖고 놀아 보라. 소리 나는 교재가 선생이니 코칭만 하면 된다. 1~2년간 그 땅에서 교재를 갖고 놀다 보면 현지 전문가가 되는 것이다.

러시아는 잘 몰라서 그렇지 미래의 숨겨진 신대륙이다. 10년 내 러시아어는 엄청난 부를 안겨 줄 것이다. 세계적 투자자 짐 로저스가 한국 청년들에게 손가락으로 가리키며 제시한 곳이 북한과 러시아였다. 러시아어를 하는 사람이 적어 희소성 때문에 지금 시작하면 선점한다. 그래서 한글로영어는 주변 4개국어, 특히 러시아어를 필수로 넣었던 것이다. 러시아어가 문법적으로 배우기 어렵다지만, 그냥 말로 익히면 러시아 아이가 처음 말 배우듯 쉬워진다. 청년들이여 한글로영어가 여러분을 도울 것이니, 도전하라!

2016년 9월 29~30일 북한의 김일성대학교 70주년 기념, 세계 학술토론회가 있었다. 이때 우리 한글로영어가 "The Korean language is a very useful tool to learn foreign languages-한글은 외국어를 익히는데 매우 유용한 도구다"라는 제목으로 논문을 발표하게 되었다. 필자(김종성)는 1998년 8월에 병원과 제약공장 설립을 위해 남북경협 남측대표로 최초 북한을 방문한 적이 있었다. 하지만 2016년에는 남북관계 경색으로 어쩔 수 없이 논문만 보내고 발표는 김일성대 교수가 대신했다. 북한에서도 한글로영어에 그만큼 관심이 크다는 것을 시사해주고 있다.

사실 북한에서는 외국어를 할 수 있으면 대단한 혜택이 주어진다고 한다. 비록 경제적으로 어려운 가운데 있지만, 자녀

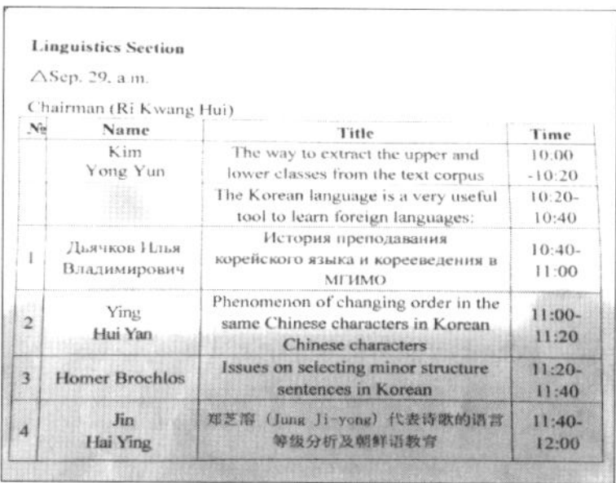
Linguistics Section

△Sep. 29. a.m.

Chairman (Ri Kwang Hui)

№	Name	Title	Time
	Kim Yong Yun	The way to extract the upper and lower classes from the text corpus	10:00 -10:20
		The Korean language is a very useful tool to learn foreign languages:	10:20- 10:40
1	Дьячков Илья Владимирович	История преподавания корейского языка и корееведения в МГИМО	10:40- 11:00
2	Ying Hui Yan	Phenomenon of changing order in the same Chinese characters in Korean Chinese characters	11:00- 11:20
3	Homer Brochlos	Issues on selecting minor structure sentences in Korean	11:20- 11:40
4	Jin Hai Ying	郑芝溶（Jung Ji-yong）代表诗歌的语言等级分析及朝鲜语教育	11:40- 12:00

외국어 교육만큼은 우리 못지않게 열정이 뜨겁다. 처음부터 말로 하고 한국인 눈에 쏙 들어오고 돈 들이지 않아도 되는 한글로영어가 북한에서 대박인 셈이다. 이 후에 간접적으로 듣게 된 것은 쉬운 이 학습법이 북한 곳곳으로 퍼져가고 있다는 것이다. 부디 한글로영어가 북한 학생들에게도 복음이 되길 기대한다.

한글로영어에게는 한 가지 꿈이 있다. 〈5개국어 훈련 학교〉를 설립하는 것이다. 브로카 뇌가 활성화되는 때는 5~13세로, 언어의 기적 시기language miracle age이다. 이때 다개국어를 말로 너무나 쉽게 섭렵해 나갈 수 있다. 한글로영어 학습법이라야만 가능하다.

터키 이스탄불에 5개국어를 동시에 가르치는 〈귀족 초등학교〉가 있었다. 교육 방법은 '터키로영어, 터키중국어, 터키아랍어…'였다. 한글로영어와 같았다. 하지만 터키어 발음기호는 한

터키 이스탄불의 귀족 초등학교

글과 견주어 비교도 안 되게 부족하다. 터키의 부자들은 한 학기 학비 2만 불씩을 들이면서도 자녀들 다개국어 말을 뚫어주기 위해 이 학교로 보내는 것이었다. 부자들은 유명대학보다 자녀에게 5개국어 말 뚫어주는 것이 진짜 유산이라 생각한 것 같다.

만약 우리나라에도 〈5개국어 훈련 학교〉가 있다면 어떻겠는가? 자기 자녀가 중학교 들어가기 전 이미 5개국 언어를 말할 수 있다면 어느 부모든 관심이 크지 않겠는가? 불가능하다고 생각하는가? 자랑스러운 한글이 있기에 충분히 가능하다. 과연 우리 한국인에게 한글은 대박이다.

자라나는 우리 아이들이 언어만 뚫리면 날개를 달고 세계어디든 날 수 있다. 한반도는 지금 휴전선에 막혀 있어 '섬나라'가 되었다. 우물 안 개구리다. 하지만 몇 개의 외국어를 구사하면 좁은 한반도가 아니라 넓은 세계가 무대가 된다. 한글로영어가 이들에게 멋진 날개를 달아 주려고 한다.

좔~ 말이 되는 한글로영어

외국어는 아이가 엄마에게 말 배우듯 소리로 해야 한다. 소리로 익히기 위해 사운드펜으로 정확히 원어민소리를 들어야 하고, 한글 발음기호가 있어야 자신 있게 내 목소리를 낼 수 있다. 천 번 들어봐도 안 들렸지만, 한글로 10번 읽었더니 신기하게 입에 착착 귀에 쏙쏙이다. 한글로영어가 기적이다.

말문트기 100일에 복병은 '작심삼일'! 내 의지로는 실패다. 습관을 붙여야 성공. 그 노하우를 공개한다.

한국인 체질에 맞는 학습법
한글로영어

하루는 이른 새벽에 집 뒷산에 운동을 하러 갔더니 뒤따라 올라오는 한 외국인이 있었다. 인사를 나누고 알아보니 한국에서 영어를 가르치는 선생이었다. 그래서 나도 한글로 영어를 가르친다고 했더니, 한글로 하는 것은 멋진 발상이라며 첫 번째로 묻기를 "그러면 F 발음을 어떻게 표기하느냐"라고 물었다.

그래서 "P는 그냥 'ㅍ' 이고, 'F'는 'ㅃ̊' 로 표시하고, 발음은 아랫입술을 살짝 물고 바람 빠지듯 'ㅃ' 소리를 낸다"라 말해 주었다.

그랬더니 엄지 척 하면서 "맞다. 그렇게 해야 영어를 잘 할 수 있다. 미국 사람도 다른 외국어를 배울 때 대부분 영어 알파벳으로 기록해 말한단다. 그런데 모든 나라가 다 자기 글을 사용하는데, 한국에 와서 보니 최고의 한글을 가지고도 활용 못하고 있어 참 이상하게 생각했다"라고 말했다.

우리는 영어를 잘못 배워도 크게 잘못 배웠다.

영어는 공부가 아니다. 의사소통을 위해 소리로 전달하는 하나의 약속일 뿐이다. 그래서 영어는 공부로 하면 안 된다. 그냥 입으로 악기를 하나 배운다고 생각하면 된다.

피리를 잘 부는 사람에게 "어떻게 하면 피리를 잘 불 수 있습니까?"라 물으면, 먼저 입으로 바람 부는 법과 음계에 따라 손가락 짚는 곳을 가르쳐 줄 것이다. 이것을 익히고 나서 악보를 보고 계속 연습을 하다 보면 된다. 처음에는 피리를 잘 못 불지만 차츰 익숙해져 나중엔 멋진 연주를 할 수 있게 된다. 영어도 이것과 흡사하다. 말하는 영어는 공부가 아니다. 그저 입 악기 하나 배운다고 생각하면 쉽다.

그래서 한국인이 영어 못하는 것은 국제적으로 잘 알려져 있다. 왜 그럴까? 한국인의 벙어리 영어는 전적 잘못 가르치고 잘못 배워온 방법론 때문이다. 한국에서 10년 넘게 영어 공부해왔는데도 말 한마디 못하는 것은, 입으로 말 훈련하지 않고 눈으로 공부로만 해왔기 때문이다. 그래서 한국의 영어교육은 근본부터 잘못되었다.

그렇다고 영어를 위해서 우리 아이들을 모두 조기유학을 보내야 하는가? 외국 학교에 가서 기숙사 생활을 하고 영어환경에 노출되면 저절로 말문이 터질 것이라 생각하는가? 아니다. 우리 아이들이 학교 기숙사에서 말이 부족해 날마다 쩔쩔매고 자존심 구기며 선생의 눈총을 받고 있음을 한국에 있는 우리 부모들은 모르고 있다.

잘못된 상식으로 비싼 영어유치원, 기러기아빠 같은 부작용을 만들게 된다. 이제는 펭귄 아빠, 독수리 아빠라는 표현까지 생겼다. 아빠가 부자라면 외국과 한국을 자유롭게 다니는 독수리 아빠이고, 아빠가 가난해 한국에만 있으면 슬픈 펭귄 아빠란다. 어린시절 아빠의 존재는 인성발달에 멋진 모델이다. 그런데 영어 하나 때문에 어린 시절 아빠에게서 배워야 할 멋진 모델을 잃어버리고, 더불어 한국사회의 문화와 가치관도 경험하지 못한다면 이 얼마나 큰 손해인가?

조기 유학으로 실패한 사례가 너무 많다. 가서도 적응을 못해 떠돌아다니고 돌아 와도 떠돌이가 된다. 그래서 "잘 풀려 봤자 영어 학원 강사밖에 못 해"라는 말이 떠돈다.

최근 코로나 기간 판교 디지털단지 스타트업 행사기관에서 영어를 할 수 있는 아르바이트 청년들을 모집했다. 몇 안 되는데 자리에 미국 명문대학 졸업생들은 엄청 많이 지원했다. 과거 명문대학이 이제는 이름값을 못 하고 있다. 시대가 바껴 이제는 본인의 능력이 중요한 시대가 되었음을 보여준다. 하지만 영어와 중국어, 다개국어를 하는 사람은 희소성 때문에 기회가 열려져 있다. 다개국어를 구사하는 것은 4차 산업시대에 필수적인 능력이다.

꼭 영어는 재능이 있어야 잘 할 수 있다고 생각하는가?

이 생각도 한국식 영어가 만든 잘못된 고정관념이다. 사람의 뇌는 개인에 따라 약간의 차이는 있지만, 벙어리가 아닌 이상 누구나 외국어를 다 잘 할 수 있게 되어있다.

내 머리가 나쁘다고 포기하지 마라. 사람의 뇌는 IQ30 이상이면 말할 수 있다. 나는 나이가 들었다고 포기하지 마라. 외국어 학습능력은 나이와 아무 상관없는 것으로 증명되었다.

단지 한국인에게 영어 학습은 한국인의 체질에 맞게 해야 한다는 사실이다. 지금까지의 영어학습법은 한국인의 언어 체질을 전혀 고려하지 않았다. 모국어인 한국어를 활용하는 것이 아니라 한국어를 잊어야 한다고 잘못 가르쳤다. 이것이 한국 영어 교육의 가장 큰 실수였다.

하지만 한글을 사용하면 오히려 영어를 훨씬 쉽게 말할 수 있게 된다. 오히려 한국어 실력을 키우고, 그것을 영어로 옮기는 능력만 키우면 해외 유학을 안 해도 영어를 얼마든지 구사할 수 있다. 그 때문에 영어를 잘하려면 먼저 한국어 실력이 확실해야 한다. 이 말은 역으로 한국어를 모르는 원어민 선생들은 절대 영어를 쉽게 한국인에게 가르칠 수 없다는 말과 같다.

국내에 알려진 외국어 학습 교재를 봐도 마찬가지다. 천편일률적으로 미국 영국의 유명 대학교 이름을 걸고 출판된다. 한국인이 쓴 책이라도 자기가 유학한 대학교 교수에게 배운 책에서 약간씩 단어와 문장을 살짝 바꿨을 뿐 근본 틀은 똑같다. 이것이 문제가 되는 이유는 이 책들은 모두 영어로 말하는 외국인을 위해 제작된 것이기 때문이다.

가령 미국 초등학교 아이들은 이미 영어로 말 할줄 알고 다 알아 듣는다. 심지어 욕까지 다 배웠다. 그들이 배워야 할 것은 글인데, 글 배우기 위해 ABC같은 파닉스부터 시작하는 것이다.

하지만 그들이 사용하는 교재를 우리 아이들에게 적용하면 문제가 된다. 우리 아이들은 영어로 글도 모르지만, 그 먼저 말조차 모르기 때문이다. 말이 안 되는 한국 아이에게 파닉스를 들이 밀면 도대체 무슨 말인지 외계 언어처럼 어렵게 느껴질 수밖에 없다. 말하는 미국 아이가 1주면 마스터할 ABC 파닉스를 갖고 한국 아이를 무려 1년씩이나 생고생시킨다니 말이 되는가?

지금도 한국에 있는 모든 영어교재는 글 중심이다. 소리 중심의 교재는 거의 없다. 그 이유는 미국인들이 사용했던 교재를 그대로 수입해서 베껴 번역했기 때문이다. 이미 영어 말 잘하는 미국인은 글만 알면 된다.

하지만 한국인은 다르다. 글도 알아야 하지만 소리도 익혀야 한다. 지금까지 그런 교재가 없었다. 그래서 한글로영어는 한국인에게 적합하게 말과 글을 함께 익힐 수 있는 교재를 만들게 되었다. 이 교재로 훈련이 되어야 모든 영어 원서 책을 정확하게 읽을 수 있게 된다.

학습 교재뿐만 아니라 학습 방법도 한국인에 맞게 근본 틀을 바꿔야 말이 된다. 한국인의 체질에 맞는 방법이 무엇인가? 필자는 한글로영어 학습방법이라 자신 있게 말할 수 있다. 학습심리학 교수로서 십여 년의 실험과 수많은 성공사례, 그리고 학습심리와 뇌 과학적 충분한 증거자료를 가지고 있다.

아이가 말 배우듯 소리로 말 익혀야 한다

우리나라 영어 교육은 순서부터 크게 잘못되었다. 단어와 문법을 따지기 전에 먼저 소리로 말하고 들을 수 있어야 한다. 우리 고등학생들의 고민을 들어보면 수능에서 영어 듣기평가는 아무리 노력해도 점수가 잘 나오지 않는다고 한다. 아무리 들어도 문장이 들리지 않아 키워드 찾아 들어야 겨우 찍을 수 있다고 한다.

하지만 한글 표기로 정확하게 영어 소리를 내 입으로 열 번만 말해보라. 거짓말같이 영어 소리가 내 귀에 정확하게 들리게 될 것이다.(이때 반드시 r, f, v, th 구분, 연음발음 처리해서 말해야 한다.)이것은 뇌과학에서 브로카 뇌가 증명하고 있다. 영어 발음을 정확히 내려면 내 발성 구조를 조정해야 한다. 발성구조를 훈련하는데 한글만 한 것이 없다.

듣기연습 10년, 이처럼 긴 시간을 투자해 봐도 내 입으로 훈련하지 않으면 들리지 않는다. CNN 뉴스를 종일 틀어 들어봐도 웅~흘러 지나가고 안 들린다. 미국에 수십 년 살아도 못 알아듣고 말 못 하는 것은 내 입으로 말 훈련하지 않았기 때문이다. 내 입으로 정확하게 소리 내어 열번 정도 읽고 나면 신기하게도 거짓말같이 똑똑하게 들리게 된다.

10년간 한글로영어 공개강좌에 오신 모든 분들에게 이 체험을 시켜 줬다. 이구동성으로 하는 말이 "진짜 신기하네요! 내 입으로 말한 부분만 다 들렸어요! 그런데 말 안 했던 문장은 도통 무슨 소린지 안 들렸어요."라며 놀라워한다. 이것이 말문을 열어주는 브로카 뇌의 특징이다.

국내 명문대를 나온 사람이라도 영어원서를 눈으로 해석할 수는 있는데 입으로 소리 내 읽어보라면 힘들어한다. 영어는 연음이 심해 문장 속에서는 단어가 다른 소리로 들리게 된다. 전연 다른 소리 생소한 말이다. 말해보라면 혹시 내 발음이 틀리지 않을까 속으로 우물우물 안으로 집어넣는다. 더구나 외국인 앞에 서면 긴장해서 아예 말문이 막혀버린다. 우리나라 사람이 영어를 잘 못 하는 것이 바로 이 때문이다.

이제 한글 발음으로 소리를 익혀야 한다. 소리를 먼저 익혀야 하는 사실은 모국어 습득과정을 보면 잘 알 수 있다. 모국어를 배울 때 소리로 듣고 입으로 흉내를 내면서 말문이 터지게 된다. 말이 되고 난 다음 그 말에 글을 입혀 배우기 시작한다.

아기는 처음 말을 배워갈 때, ㄱㄴㄷ나 ABC부터 배우지 않는다. 태어나서 어렴풋이 소리를 듣고 옹알이로 흉내를 내면서 말을 익혀가게 되는 것이다. 어느 정도 발성훈련이 되면 말할 줄 아는 짧은 구문과 단어수도 점점 늘어 간다. 이러다 말이 유창해 지면 문자언어로 자기의 언어 세계를 넓혀 가는 것이다. 이때부터 뇌에서는 브로카 뇌(말 뇌)와 베르니케 뇌(글 뇌)가 상호 간 영향을 주며 점점 확장되어 가는 것이다.

한국의 영어교육은 이 과정을 무시하고 바로 ABC 문자로 들어갔던 것이 문제였다. 그래서 영자신문〈Newsweek〉이나 잡지〈Times〉를 눈으로 해석할 줄은 알면서도, 말은 한마디도 못 하는 해괴한 영어가 되어 버리고 말았다.

대학교 때 독일어를 배웠던 사람이 있었다. 그런데 지금 그는 독일어를 못 한다. 단지 기억나는 것은 문법 공부 할 때, 격에 따른 정관사의 변화로 "데어 대스 댐 댐, 디 데어 데어 디, 다스 대스 댐 다스, 디 데어 덴 디" 뿐이란다. 그때 독일어를 말로 먼저 익혔더라면 지금 얼마나 잘했을까 후회했다.

가령 "한국 음식을 좋아하십니까?/ Essen Gie gern koreanisches Essen?/ 애쌘 지- 개른 코레아니셰스 애쌘?"라는 식으로 소리로 10번 20번 읽고 훈련했더라면, 또 '한국음식'

이란 말 대신에 '중국 음식' '초콜렛' '김치' '포도주'….처럼 목적어를 바꿔 말로 훈련했더라면, 지금 얼마나 독일어를 잘했을까 싶다. 말이 되면 '코레아니셰스 애쌘'이 문법적으로 무엇인지 저절로 알게 될 텐데 말이다.

국내 유명대학 영문과 출신으로 이름난 교육회사 CEO로 계신 분이 있다. 그가 하는 말이 "내가 영문도 모르고 영문과에 들어갔다가, 영문도 모르고 졸업했다."라며 써먹지 못하는 우리나라 영어교육의 한계를 지적했다.

지금까지 공개강좌를 1,000번 이상 해 왔다. 그때마다 실험을 해봤는데 영어를 조금 배웠다 하는 사람들이 오히려 말문 트기가 더 힘들었고, 차라리 자신을 스스로 "영어 깡통"이라 말하는 사람이 훨씬 쉽게 말문을 틔웠다. 왜 그런 것일까?

말을 하는데 그동안 익혀왔던 글이 자꾸 방해해서 그렇다. 뜻을 소리로 익혀야 되는데, 그동안 우리는 글자로 익혀 왔기 때문이다.

영어를 하려면 자꾸 머리를 돌려가며 눈앞에 글자를 떠올려 말을 만든 다음에 말하려 한다. 이때 앞사람이 보면, 눈을 위로 치켜뜨며 "두유~" "우쥬~"라 문장을 한참 생각하며 말을 만드는 것을 보게 된다. 이렇게 버벅거리다 보니 이미 상황은 다 지나가 버린다.

진짜 대화를 하려면 그냥 얼굴보고 생각하지 않고 입에서 바로바로 튀어나오도록 훈련해야 한다.

한국에서 미국으로 유학 간 학생들을 봐도 그렇다. 영어를 조금 공부한 학생들은 글자에 익숙해진 습관 때문에 오히려 소리를 잘 듣지 못한다. 그러나 영어를 거의 배우지 않은 학생이 훨씬 빨리 소리의 세계로 들어가는 것을 본다. 영어 깡통이 소리의 세계에 들어가는 데는 오히려 유리하다는 말이다.

어떤 사람은 "영어가 조금 들린다"고 말한다. 사실 영어가 조금 들린다는 것은 내가 아는 몇 개의 단어가 조금(?) 들린다는 뜻이다. 이것은 영어를 전체소리로 듣지 못하고 알고 있는 단어 몇 개가 들리는 현상일 뿐이다.

또 자주 하는 말이 "한글로영어 한글글자가 오히려 읽기 어렵고, 영어알파벳 글자가 훨씬 쉽게 읽히는데요?"라 말한다. 그렇다. 한글 발음이 읽기 어려운 것은 한글이라도 '정확한 영어 발음'이라서 그렇고, 영어글자가 읽기 쉬운 것은 그동안 베르니케 영어글자가 눈에 익숙해서 그렇다. 그러나 막상 말하려면 머릿속에 또다시 영어글자를 떠올려야 하기에 말하는 데 방해가 되고 만다.

하지만 한글로영어로 하면 한글표기가 머릿속에 떠오르지 않는다. 그냥 한글은 소리를 익히는 표시이기에 브로카 말 뇌가 움직이게 된다. 말을 잘하려면 반드시 한글로영어를 해야만 하는 이유가 여기에 있다.

어린아이들이 말을 훨씬 빨리 잘한다. 이들은 글자를 모르기에 소리에 훨씬 더 집중한다. 해석해 듣지 않고 그냥 소리로 듣는다. 소리를 듣기 위해 사람은 본능적으로 눈을 감게 되는 것이 이 때문이다. 시각을 차단해야 청각에 집중할 수 있기 때문이다.

공개강좌에서 '한글로중국어'는 두세 번만 입으로 익히면 바로 말을 해댄다.

"거울아 거울아 벽에 걸린 거울아!

모찡 모찡 챵샹더 모찡!(魔镜，魔镜，墙上的魔镜!)"

왜 그럴까? 중국어는 영어와 달리 처음부터 글자를 몰라 아예 눈이 글자를 포기하고 한글만 읽기 때문이다. 말하는 영어 중국어, 핵심은 뜻과 소리를 일치시키는데 있다.

열 번 소리내어 읽으면 입에 착착 귀에 쏙쏙

한글로 하면 너무 쉽고 빠르다. 기존의 학습 방법은 철자와 뜻을 공부했다. 하지만 실제 말이 되려면 한글로영어처럼 소리 듣기로 해야 한다. 한글은 소리세계를 나타내는 기호이다. 철자는 문자 영어로 인도하는 열쇠라면 한글은 소리 영어로 인도하는 열쇠이다.

그런데 소리를 익히기 위해서 사전에 나오는 로마자 발음기호는 읽기가 어렵다. 또 단어가 문장 안에 들어가면 다른 소리로 연음이 되어 로마자 발음기호로는 표기하기가 불가능하다. 하지만 한글은 어떤 연음 발음도 정확하게 표기가 된다.

또 한글은 이미 우리 눈에 익숙해져 있어 읽기가 너무 쉽다. 또박또박 몇 번만 읽어보면 영어가 입에 착착 붙는다. 우리 한국인에게는 한글이 최고의 발음기호라는 사실이다. 그래서 한국인은 한글로 영어를 익히는 것이 가장 빠른 지름길이다. 한글로 소리에 익숙해져 말이 되면, 그다음 글자는 너무 쉽게 익힐 수 있다.

소리로 영어를 익히려면 듣기와 말하기를 함께 해야 한다. 하지만 먼저 해야 할 것은 말하기이다. 듣기를 1,000번을 들어 봐도 정확히 들리지 않는다. 그런데 내 입으로 정확히 10번만 소리 내어 말해보면, 거짓말같이 입에 착착 귀에 쏙쏙 들어온다. 말하기를 자신있게 하기 위해 한글 발음표기가 반드시 필요한 것이다.

한글로영어로 읽어보라. 한글로영어는 콩글리시가 아니다. 수정을 거듭 거듭해 원어민소리에 가장 가깝게 표기한 영어 발음이다. 이보다 더 정확한 발음표기는 세상에 없다. 정말이다. 자신 있게 읽어도 된다. 자신 있게 읽을수록 입에 영어가 빨리 쫙 붙기 때문이다. 한글로영어를 믿어라. 이론적으로나 임상적으로 이미 증명이 끝났다.

유행가를 어떻게 익혔던가? 흘러나오는 노래를 여러 번 듣는다고 저절로 불리는 것이 아니다. 들어본 가사를 몇 번 읽어보고 곡조에 따라 흥얼거리다 보면 자연스레 노래가 된다.

예전에 팝송을 한글로 적어 반복해 부르던 때를 기억하는가? 50년이 지난 지금도 부를 수 있지 않은가. 살짝 아쉬운 게 있다면 콩글리시 발음이다. 연음처리와 r, f, v, th발음을 구별하지 못해서 그렇다. 그렇지만 입으로 반복훈련 했기에 수십 년이 지난 지금도 노래를 정확히 따라 부를 수 있지 않은가! 외국어 학습이 그렇다. 문장을 천 번 들어봐도 말 한마디 못한다. 내 입으로 10번 소리 내어 말해보는 것이 최고의 방법이다.

사실 세상의 모든 언어는 소리이다. 글자 이전에 말이다. 말은 곧 소리다. 대화를 주고받을 때 소리로 전달되고 소리로 그 뜻을 알아듣는다. 그 소리를 나타낸 것이 글이다. 글자는 그 소리를 표현하는 방식일 뿐이다. 그 소리를 우리의 훌륭한 한글로 표시하지 못할 것이 없다. 영어도 제주도 방언같이 조금 색다를 뿐이다. 영어 발음을 한글로 써서 읽으니까 영어 자체가 훨씬 쉬워졌다. 그렇다. 영어는 쉬운 것이다. 다만 생각을 조금 바꾸는 것일 뿐이다.

생각하고 말하면 영어가 벌써 늦어 버린다. 한글로 쓴 영어를 열심히 읽으면 입에 습관이 되어 저절로 툭 튀어나오게 된다. 그래야 발음도 자연스럽게 익혀지게 된다.

연습하다 보면 영어의 'R' 발음이 자연스러워져 한국어에 'ㄹ' 이 들어간 발음에도 혀가 자꾸 구부려지게 된다. 재미있다.

미국 교민사회에 강의하러 가서 'R' 발음을 훈련했다. 그때 나이 드신 분이 "그간 R발음 하려니 쑥스러워 말을 못 했지요. 같은 한국인끼리도 혀 꼬부라지는 소리 하면 오히려 흉을 봤다니까요. 알고보니 내가 영어를 잘 못 했군요. 이제부터 내가 고쳐야겠네요."라 말했다.

그렇다고 처음부터 너무 미국식 발음(?)으로 이상하게 발음하려는 것도 문제다. 들어보면 오히려 더 어색하다. 한글 발음 그대로 발음하는 것이 훨씬 정확하다. 한글을 정확하게 발음할 수 있는 사람이 영어발음이 정말 좋다. 한글표기 그대로 좀 쑥스럽더라도 또박 또박 여러 번 반복하다 보면 점점 더 자연스러워져 조금만 지나면 원어민처럼 굴러가게 된다. 문제는 눈으로 읽으려 하지 말고, 듣기만 하지 말고, 내 입으로 큰 소리로 말해 보는 게 무엇보다 중요하다.

소리! 정확한 한글발음으로! 몇 가지 발음만 신경 쓰면 읽기 쉬운 게 영어다. 영어의 악센트도 소리 구조상 한글로영어로 읽기만 하면 저절로 나오게 되어있다.

중국어에는 권설음(捲舌音-말권, 혀설, 소리음-혀를 위로 말아 발음한다.)이 많다. 특히 권설음 발음에 신경 써서 발음하고, 4가지 성조는 사운드펜으로 그냥 문장 소리 듣고 흉내내는 연습을 하다보면 정확한 중국인발음이 된다.

영어의 악센트나 중국어의 성조를 눈으로 읽다 보면 오히려 이상하게 되고 밋밋한 발음이 되어버릴 수 있다. 그냥 사운드펜으로 소리 듣고 입으로 흉내를 내면 된다. 말은 어린아이가 말 배울 때 흉내로 익히는 것과 같이해야 한다.

경상도 어느 시골에 버스정류장에서 있었던 일이다. 겨울 추운 날씨에 여러 종류의 사람들이 버스를 기다리고 있는데 마침내 저쪽 동네입구에서 털럭거리는 버스가 오고 있었다. 어떤 할머니가 빨리 올라가 자리를 잡으려고 같은 동네 친구를 큰 소리로 불렀다.

"(버스가)왔데이~"

그런데 때마침 정류장에 원어민 교사가 서 있다가, 할머니가 "왔데이~"라는 말에 영어 "What day?"(무슨 요일입니까?)란 말로 알아듣고, "먼데이(Monday 월요일입니다)"라 대답했다.

이 말에 할머니는 다시 원어민 교사의 "먼데이~"란 말을, 우리 말 "뭔 데?"라 알아들어 "버스데이~"라 대답을 했다.

다시 원어민 교사는 할머니의 "버스데이~"라는 한국말을, 영어의 Birthday(생일)로 알아듣고 "Oh, birthday! Happy birthday to you!"라며 생일을 축하해 주었단다.

할머니는 "버스데이~"라 잘 대답해 줬는데, 난데없이 노래를 부르니? 놀라서 하는 말이 "미쳤데이~"라 했단다.

이 원어민 교사가 이번엔 충청도로 갔단다. 한 이발소로 들어갔다.

주인이 충청도 말로 "왔시유~"라 인사했다. 이 원어민 선생은 "왔시유~"란 말을 "What see you?"(뭘 봐유~?)라 알아들었다. 그래서 눈앞에 거울이 보이기에, 생각없이 그냥 "미럴(mirror 거울)"이라 대답했다.

그리고 이발하는 동안 원어민 교사가 한참 졸다가 눈을 떠보니, 머리가 다 밀어져 있었다.

이발소 주인이 "미럴"이란 말에, 머리를 확 밀어 버린 것이다.

지어낸 이야기이지만 영어를 하다 보면 이런 해프닝도 많다. 위에서 할머니와 충청도 이발소 주인, 그리고 원어민 교사 간에 말은 했는데 뜻이 통하지 않아 생긴 일이다. 뜻은 달랐지만 소리로는 잘 통했던 것이다.

영어 듣기에는 초급 고급이 없다. 소리의 세계에는 '쉬운 소리'와 '어려운 소리'가 따로 없다. 단지 '들리는 소리'와 '안 들리는 소리' 둘만 있을 뿐이다.

소리 듣기가 처음부터 쉬운 것은 아니다. 하지만 한글로 적은 것을 입으로 읽어보고 나중에 들어보라. 기적이 일어난다. 수백 번을 들어도 윙윙거리며 들리지 않았던 영어가 열 번 읽고 나면 거짓말같이 귀에 똑똑하게 들리게 된다. 덩달아 말하기도 좔좔~된다.

듣기와 말하기는 동전의 양면처럼 밀접한 연관이 있어서 그렇다. 이 방법으로 두세 달 정도 매일 규칙적으로 훈련하면 입이 열리면서 귀가 뚫려 말이 들리게 된다. 소리 듣기 연습을 할 때 반드시 명심해야 할 것은 내 입으로 소리를 내야 한다는 점이다.

이것은 뇌 과학에서 브로카 뇌(말 뇌)가 증명하고 있는 것이다. 그래서 미국 학교에서도 큰 소리로 많이 읽히는 학습(reading aloud)을 실행하고 있다.(How you Get Preschoolers Excited About Reading, 2001, RIF)

한국인의 고질병 벙어리영어를 풀려면 아인슈타인이 했던 말을 기억하라. "문제를 풀려면, 그 문제 발생 때와 똑같은 사고방식으로는 풀 수가 없다."

지난 120년간 그렇게 노력해도 말이 안 됐었는데, 왜 똑같은 방식에 끌려가려 하는가? 한글로영어는 지금까지 해왔던 영어 학습 방식과 전연 다르다. 120년간 잘못된 학습법, 생각도 바꿔야 하고 훈련 방법도 바꿔야 한다. 말부터 하면 글은 식은 죽 먹기가 된다.

한글로 하면
발음이 원어민

읽기 지도에 중요한 것은 발음을 정확히 하는 것이다. 가령 'light'와 'right'에 'l'과 'r'의 발음차로 뜻이 완전히 달라진다. 또 한국 사람이 구분하기 힘든 발음으로 'p'와 'f' 발음, 'b'와 'v' 발음이 있다. 반드시 이것을 구분할 줄 알아야 한다. 'th'발음도 연습해야 잘 된다. 그다음 악센트와 억양, 그리고 속도에 유의해서 익히는 것이 중요하다.(유튜브 '한글로영어'에 오면, 장춘화원장의 5회 공개강좌와 한글 발음표기법을 쉽고 재밌게 배울 수 있다.)

영어발음에 많이 있는 'ㅡ' 발음을 위해, 평소 입술을 양옆으로 '으' 라며 벌리는 훈련을 한다. "그느드르므브스으즈츠크트프흐". 해보면 평소 사용하지 않던 발음이라 입 근육이 아프다고 한다. 또 경상도 사람들이 ㅡ발음과 ㅓ발음 구분을 잘못하고 이상한 중간발음을 한다. 그런데 영어에는 ㅡ발음이 너무 많다. 경상도 사

을ㄹ Ll — Rr ㄹ̌ (낚시모양)

ㅍ Pp — Ff ㅃ̊ (뻐드렁니)

ㅂ Bb — Vv ㅂ̊ (뻐드렁니)

th ㄷ̃, ㅆ̃, ㄸ̃ (혀 빼면서 떠)

위 4가지 외 (**영어 -** 한글) 발음 동일함.

람들에겐 힘들겠지만 훈련해야 한다.

또 혀끝을 구부리는 연습을 한다. 이게 참 어렵다. 하지만 쉽게 훈련하는 방법이 있다. 한국인이 R발음을 쉽게 하려면 혀를 낚싯바늘처럼 위로 꼬부리고 2주간 한국말을 하고 지내면 된다. “아안녀엉 하쎄요” “카암사아 하암니다” 마치 미국인이 한국말 하듯이 말이다. 같이 훈련하는 사람끼리 혀가 펴지면 벌금 1,000원씩 걸기로 하자.

좀 쑥스럽겠지만 영어를 잘하기 위해서는 꼭 실천해야 한다. 2주간만 연습해라! 미국 1세대 교포들이 아직도 콩글리시 발음을 하는 것은 이 쑥스러움을 극복하지 못해서 그렇다. 이렇게 훈련하면 단기간에 영어 발음을 마스터할 수 있다. 머리로 아는 것과 입으로 훈련하는 것은 완전히 다르다. 꼭 실천에 옮겨야 한다.

영어에는 음절과 음절이 연결될 때 연음법칙이 생긴다.

get out of here를 읽어보라. '겟 아우트 오브 히어'인가? 아니다. 정확한 발음은 '게라우라 히얼'이다.

take it easy를 읽어보라.

'테이크 잇 이지'아니라 '테이키리지'이다.

but I doubt it은 '벗 아이 다우트 잇'이 아니라 '버라이 다우릿'이다.

여기에다 R, F, V, Th 발음을 부호화하면 완벽한 원어민발음이 되는 것이다.

한국어에도 마찬가지로 소리 나는 대로 적어보면 '무채김하고' '사린을 해노코'라 말하지만, 실제 글은 '무책임하고' '살인을 해놓고' 이다. 한글로 연음 발음대로 쓰면 영어발음 문제는 완벽히 해결된다. 우리 한글은 최고의 표음문자로 연음과 축음 소리까지 표기할 수 있기에 이보다 탁월한 발음기호 문자는 없다.

각 나라말에는 고유한 리듬이 있다. 지역마다 사투리가 있듯 고유의 리듬이 있다. 이것은 쉽게 고쳐지지 않는다. 가령 프랑스인의 영어는 프랑스어 같은데 영어이고, 중국인의 영어는 중국어 같은데 자세히 들으면 영어다. 이는 아무리 유창해도 각 민족마다 그 억양이 남아있어서 그렇다.

한국인도 마찬가지 아무리 영어를 유창하게 잘해도 고유한 억양이 말속에 들어있다. 하지만 한국인으로 거의 원어민 수준으로 말할 수 있는 것은 한글로 연습할 때이다.

여기에 소리 나는 전자북-사운드펜을 사용해보라. 억양과 리듬은 소리를 듣고 흉내 내며 익혀야 정확한 원어민 발음을 구사할 수 있는 것이다. 정확한 영어발음을 내 입으로 '말하기' 위해서는한글이 있어야 하고, 그 원어민 소리를 그대로 '듣기'위해서는 전자북과 사운드펜이 있어야 한다. 한글과 사운드펜 이 두 가지가 외국어훈련에 얼마나 대단한지 해보면 안다.

말로 해야 글과 문법이 너~무 쉬워진다

여기다 우리나라 사람이 어물쩍 넘어가기 쉬운 것이 과거형과 복수형 발음이다. 과거형은 과거형으로 발음해야 하고, 복수형은 복수형으로 정확히 발음해야 한다. 우리나라 사람 10중 7~8명이 잘 안 된다. 마치 외국인이 한국어를 말할 때, "나는 어제 남대문에 갈 것이고, 내일은 청소를 했었다."라는 식이다.

영어 어법대로 정확히 사용할 수 있으려면 문법 공부가 아니라 많은 문장을 접해야 저절로 된다. 문장들이 쌓이고 쌓여야 응용이 되는 것이다. 기존 학교의 교과서식 문법 공부 방식으로는 절대 한계가 있다. 문법 공부로 하다 보면 생각하다 말이 늦어진다.

하지만 한글로영어 교재 〈Speaking Training Grammar〉를 처음부터 끝까지 쭉 읽어보라. 변형되는 문법 문장을 소리내어

2시간이면 전부 다 읽는다. 이렇게 10번 정도 반복하면 문법은 말로써 터득 된다. 그냥 한글로영어로 소리 내어 낭독하다 보면 저절로 되는 게 영어 문법이다.

엄마들이 자주 묻기를 말이 되면 글자는 언제 해야 하나 궁금해한다. 필자는 아이가 중학교에 들어갔을 때 머릿속에 있는 대사들을 전부 컴퓨터에 워드로 치게 했다. “대사 한편 다 치면 상금을 두둑이 주겠다.” 약속했다. 당시 한주 용돈으로2,000원을 줬는데 대사 한 편을 치면 10,000원을 주겠다 했다. 학원을 보내지 않았기에 10,000원이면 학원비에 비하면 아무것도 아니다. 그랬더니 아이가 갑자기 눈이 확 커졌다. 돈에 눈이 어두워져(?) 몇 날밤을 새워가며 뚝딱 다 쳐왔다.

“엄마, 두 편 치면 20,000원 줄 거야?”

“그럼~”

두 번째 세 번째부터는 점점 시간이 단축되더니 지금은 영 타칠 때 손가락이 안 보이게 빛의 속도로 친다. 그렇게 해서 글을 금방 다 익혔다. 글 문제는 지금 잠깐 접어 둬라. 문제는 말이 되고 나면 글자는 정말 식은 죽 먹기이다.

문법? 걱정하지 마라. 말이 되면 문법은 그냥 다 된다. 원래 내 말 하는 것을 문법으로 이해하는 것이지, 거꾸로 문법에 말을 짜 맞추려면 말이 안 된다. 이게 한국 영어의 고질병이다.

그래도 불안한 요즘 엄마들은 초3~4학년 때부터 문법을 공부시킨다. 학교나 학원에서는 읽기와 쓰기, 그다음에 듣기와 말하기 순으로 거꾸로 가르친다. 너무 일찍 문법을 가르치면 반드시 영어에 흥미를 잃게 된다.

먼저 말 훈련부터 시켜보라. 자연스럽게 영어 말하기와 듣기, 그다음 읽기와 쓰기가 된다. 이렇게 하는 것이 언어학습의 바른 순서이다.

흔히 "한국 영어교육은 문법 위주 교육이 문제다" "배운 문법 써먹지 못 한다" "기초문법만 알면 충분하다" "문법을 몰라도 영어만 잘하더라."라는 말을 듣는다. 이 같은 말들은 기존 문법 교육이 잘못되었음에서 나온 말이다.

재미있는 사실은, 전 세계에서 옥스퍼드대학과 케임브리지대학 출판사의 문법책이 가장 많이 팔리는 곳이 일본과 한국이다. 그런데 이 두 나라가 전 세계에서 똑같이 영어 말을 가장 못 하는 나라라는 사실을 대체 어떻게 해석해야 할까? 말은 문법으로 되는 것이 아니라, 소리로 말하다 보면 문법이 이해되는 것이다. 영어 문법도 말로 하면 쉽게 정복된다.

한국인이 영어를 잘하기 위해서는 문법보다 더 중요한 '영어식 사고'를 만들어야 한다. 영어식 사고는 귀납적으로 결론

(동사)부터 말한 후 설명을 붙여 간다. 대신 우리말은 연역적으로 결론(동사)이 마지막에 온다. 사고가 달라서 그렇다. 그래서 한국인으로 효과적인 학습법은 한국어로 영어식 구문을 익히는 것이다.

가령 "나는, 좋아한다, 과일을" "그녀는, 이다, 행복한" "나는, 보았다, 그녀를, 들어가는, 극장에, 어제저녁에"라는 식이다.

이 훈련을 할 때 반드시 한국어 구문과 영어 구문을 모두 큰 소리로 읽어야 한다. 눈으로 읽는 것과 소리를 내서 읽는 것은 엄청난 차이가 있다. 한두 번 읽지 말고 최소 10번 이상 읽어라. 그래야 영어 구문이 몸에 익혀져 감각화가 된다.

한글로영어 『잠언』은 영어구문을 감각화 시키는데 탁월한 교재다. 『잠언』은 모두 이렇게 되어 있다. 한 구절을 소개하면,

> "내 아들아 나의 법을 잊어버리지 말고, 나의 명령을 네 마음으로 지키라"(잠3:1)

영어 구문을 입에 익히면,

> "내 아들아!/ 잊어버리지 말라, 나의 법을/ 지키라, 나의 명령을, 네 마음에"

이후 영어 문장을 한글로영어로 읽는다.

마이 썬, 두낱 뽈겥 마이 티칭, 벝 킾 마이 컴맨즈 인 유얼 할트,

My son, do not forget my teaching, but keep my commands in your heart,

영어나 중국어 모두 문장구조로 보면 우리와 반대이다. 하지만 문법부터 생각해서 말하면 이미 늦어 버린다. 통 문장을 입으로 읽는 습관을 들여야만 한다. 그러면 입에서 문장이 감각화되어 저절로 튀어나온다.

교재를 읽다 보면 반복적으로 나오는 말이 많다. 따라 하다 보면 점점 더 자연스러워진다. 아무리 어려운 단어나 문장도 여러 번 큰소리로 읽으면 쉬워진다. 중요한 것은 꾸준히 할 수 있도록 지도해 주는 것이다.

한글로영어를 했던 아이들은 문법에 강하다. 한 번도 배우지 않은 문장에서 문제 30개라면 실수로 1개 정도 틀릴 뿐 복잡한 문제도 다 알아맞힌다. 혹시 다른 곳에서 문법을 배웠는지 물어보면 아이는 고개를 저으며 '아니요'라 대답한다. 다시 묻기를 '한 번도 배우지 않은 문제를 어떻게 정답을 찾을 수 있었지?'라 물으면, 아이는 "그냥 답인 것 같아서요."라 대답한다.

문법을 따로 배우지 않았고 외국에 살아 본 경험도 없는 아이가 어떻게 문법 문제를 술술 풀어낼 수 있었을까? 한글로영어를 했던 아이들은 오랫동안 문장을 입으로 귀로 익혔기 때문에 문

법은 몰라도 이미 언어의 체계가 입에 배어 있어 문장을 읽으면 그냥 답을 찾아내는 것이다.

사실 언어에는 정답이란 게 없지 않는가. 이렇게 말해도 되고 저렇게 말해도 되는 것이다. 미국 대입예비고사 SAT 영어 문제에 대부분 질문에 이렇게 쓰여 있다.

"아래 문장 중에서 문법적으로 어떻게 고치는 것이 가장 자연스러운가? 특별히 문제가 없다면 그냥 5번을 골라라."

우리는 시험문제에 '틀린 문장'을 고르는데, 저들은 '더 자연스러운 문장'을 고르는 것이다. 생각이 얼마나 다른가를 보라. 결국, 이 때문에 우리는 '틀리면 안 된다'는 강박관념이 생겨 더 말을 못 하게 만드는 것이다. 자연스럽지 못한 문장은 있어도 틀린 문장은 없다는 것을 기억하라.

한국 영어교육의 가장 큰 잘못 하나가 영어를 번역translation하거나 독해decoding하는 훈련을 받은 것이다.

가령 독해하는 과정을 추리해보자. 모르는 단어가 나오면 사전을 뒤져 뜻을 안다. 다음엔 영어문장을 한국어 어순으로 거꾸로 해석해 본다. 한 번에 해석이 안 되면 문법을 따져가며 여러 번 반복해 본다. 이런 식으로 하다 보니 문장 하나 번역하다가 지쳐 책 전체를 포기하고 덮어버린다. 이것이 지금까지 우리 학교 영어였다. 이래서야 4차 산업시대 쏟아져 나오는 그 많은 정보를 어찌 다 읽어 낼 수 있겠는가?

우리가 '한국어 책'을 읽을 때도 문장을 분석하지 않고 그냥 읽는 대로 이해한다. 마찬가지로 '영어책'을 읽을 때도 번역하지 않고 그냥 영어로 이해해야 한다. '영어책'을 읽을 때는 왜 곧장 장면 상황이 떠오르지 않고 문장 분석에 매여 있을까? 잘못된 학습 방법 때문이다.

그러나 한글로영어를 하게 되면 문장을 번역하지 않고 바로 상황그림이 머리에 떠오른다. 영어식 구문에 익숙해졌기에 책 전체를 빠르게 숙지한다. 이래야 정보화시대에 경쟁력이 있는 것이 아닌가!

소리로 하는
기적의 단어 암기법

한국어를 통한 단어 암기법도 마찬가지다. 지금까지 배운 영어는 뜻을 글자로만 외웠고 뜻에 소리를 익히지 않았다. 그래서 뜻을 말하려면 눈 앞에 자꾸 '글자'가 아른거린다.

또 영어 소리를 들으면 글자로만 외웠기에 도통 무슨 소린지 들리지 않는 것이다. 아, 얼마나 많은 시간과 에너지를 낭비해 왔던 것인가. 그래서 회화를 하려면 생소하겠지만 소리 훈련부터 다시 시작해야 한다.

이제부터는 뜻을 '소리'로 외워보라. 그렇게 하면 어휘력도 빠르게 좋아진다. 소리가 되면 그다음 글자는 너무 쉬워진다. 몇 번 써보면 다 안다. 소리를 알면 철자는 대략 알아맞힐 수 있다. 1학년 아이가 한글 받아쓰기하듯 몇 번 글자를 쓰면서 알게 된다. 미국 초등학생도 노트를 보면 엉망진창이다. 그래도 말은 다 한다.

시골의 할머니가 평생 문맹으로 지내다가 동네 문화 교실 '한글학교'에서 한글과 문자 메시지 치는 것을 조금 배웠다.

글쓰기 첫 주에 "아드라, 이번 추서게는 기리 마킨다는대 내려오겐니"라 썼다.

추석 지나 몇 주 후에 "아들아, 이번 추석에 손주를 봐서 너무 기뻤다~^^"라 글이 완벽해졌다. 말이 되니 글쓰기는 금방이었다. 반대로 말 모르는 외국인이라면 이 짧은 기간에 절대 불가능한 일이다. 이렇게 소리와 글자, 브로카 뇌와 베르니케 뇌가 서로 조화를 이루어 빠르게 글을 익혀가게 된다.

필자(김종성)가 미국 하버드의대에 연수를 갔을 때이다. 세계적으로 이름난 한 교수님이 강의 중 화이트보드에 "Homeostasis 항상성"이란 글을 썼는데, "Homeostesis"라 철자를 틀리게 썼다. 틀리기 쉬운 단어다. 둘러보니 전 세계에서 온 학자들은 아는지 모르는지 아무도 토 달지 않았다. 괜히 나 혼자만 가슴 졸였다. 사실 내용이 중요하지 철자 하나가 무슨 큰 문제가 되는가. 우리도 한글 쓸 때 철자가 많이 틀리지 않나? 그런데 우리는 지금까지 영어가 완벽해야 되는 줄만 알았다.

지난 120년간 우리는 왜 여태껏 소리를 한글로 적을 생각을 하지 못했을까? 기가 막힐 노릇이다. 잘못된 학습법이 바보 한국인을 만들어 놓았다. 이 병폐를 일시에 제거할 근본적 치유 방법은 한글이다. 한글로 표기한 발음을 몇 번 만 말하면 절대 잊혀 지지 않는다.

피노키오 대사 중에 'conscience'(양심)이란 단어가 나온다.

"Are you my conscience?(당신이 내 양심인가요?)

Who?(누가?) Me?(내가?)

"Would you like to be Pinocchio's conscience?(피노키오의 양심이 되고 싶으세요?)

라는 대사가 나온다. 너무 쉽게 재미있게 하다 보니 "칸션쓰"가 나오면 대사까지 줄 입에 붙어 암기해버린다. 그러니 어찌 잊어버릴 수 있겠는가?

한글로영어를 배운 아이의 집에 이런 일이 있었다.

유치원 다니는 동생이 누나가 하는 한글로영어를 곁에서 듣고 자기도 대사를 익혔다. 그때부터 유치원 동생이 방문을 열고 나올 때 마다 〈인크레더블〉에서처럼 "Showtime"하고 나오고, 〈피터팬〉을 보고나서 "Shadow? Oh, shadow?"하면서 돌아 다닌단다.

혹 '나는 나이가 많아 영어단어 외우기가 어렵다'고 생각했던가?

아니다. 사고의 전환이 필요하다. 어린아이와 비교해 보면 안다. 어른은 아이와 달리 단어의 개념을 이미 많이 알고 있다. '정의', '존재', '중독', '경혈'이라는 어려운 용어를 어른들은 알지만 아이들은 모른다. 아이들은 소리도 익혀야 하고 개념도 공부해야 한다. 하지만 어른들은 지금까지 내가 아는 개념에 영어로 소리만 입히면 된다.

'정의: justice저스티쓰' '존재: existence이그지스턴쓰', '중독: addiction어딕션', '경혈: meridian system머리디언 씨스템'. 10번 소리 내어 읽기만 하라. 너무 쉽다. 나이 들어도 충분히 영어를 잘 할 수 있다.

단어를 외울 때 한글 소리로 입에 입력하면 부호화encoding로 저장이 쉽다.

예로 '이-을eel' 뱀장어를 알면, '비-을veal' 송아지고기, '니-을kneel' 무릎, '히-을heal'치료하다, '위-을 wheel'바퀴, '디-을 deal'거래하다, 줄줄이 연상이 된다.

영어 단어에 '아-이들' 과 '애들' 이라는 소리가 있다. idle은 '게으른' 이란 뜻이고, addle은 '썩은' 이란 말이다. 내 입으로 소리를 익혀야 말이 되고 들리게 된다.

소리로 단어를 외우면 장점이 또 하나 있다.

어려운 단어와 쉬운 단어의 구분이 없어진다는 점이다. 소리의 세계에는 어려운 소리와 쉬운 소리의 개념이 없고 다만 '짧은 소리'와 '긴 소리', '들어본 소리' 와 '안 들어 본 소리' 가 있을 뿐이다. 한글로영어는 뜻을 소리로 익혔기 때문에 소리를 듣는 순간 머릿속에 개념이 바로 떠오르게 된다. 이렇게 한글로 하면 오래된 고질병 벙어리 영어를 한방에 고치게 된다.

스토리, 문법, 패턴 단어로 언어의 폭을 넓히라

영어는 절대 비싼 것이 아니다. 말은 편리를 위해서 자연 발생적으로 만들어진 것이기에 비싸야 할 이유가 하나도 없다. 그런데 우리나라는 너무 어렵고 비싸게 진화를 시켜 놓았다. 부자들만 좀 하는 영어, 미국에 돈 갖다 바치는 영어가 되어버렸다. 이제는 미국에 안 가고도 얼마든지 영어를 잘할 수가 있다.

아이들 영어 공부에 비싼 돈 들이지 말고, 그냥 누구나 아는 전래동화로 영어를 시작하면 된다. 재미있고 쉽다.

어릴 때부터 동화책에 많이 노출된 아이일수록 영어 표현력이나 적재적소에 말하는 어휘력 그리고 창의력이 뛰어나게 된다. 영어를 비롯한 어느 외국어 학습이든 놀이처럼 재미있어야 뇌가 활성화되고 말이 더 잘되는 것이다.

아이들과 함께 하다보면 엄마 영어도 자연스럽게 향상된다.

먼저 글로 말을 익힌 후, 그림보고 말해야 완성

엄마가 영어를 읽다보면 아이는 시키지도 않았는데 영어가 그냥 입에서 나와 버리니까 더 놀라게 된다. 사실 엄마가 자기 자식을 가르치기 너무 힘들다는 건 다 안다. 하지만 엄마가 아이들과 같이 대사를 하고 같이 만화를 보면 서로 대화도 많아진다.

아이들이 지루하지 않기 위해 세 가지 교재로 동시에 하는 것이 좋다. 한 가지 책으로 하면 재미가 없고 언어의 폭도 좁아진다. 그래서 스토리와 함께 패턴 문법 단어도 곁에 두고 틈틈이 같이 해야 한다. 필자는 아이들에게 그냥 하루에 10번씩만 읽게 했다. 아침에 다섯 번 저녁에 다섯 번씩 읽기만 시켰다. 말이 입에 붙으면 한글 없이도 영어를 그냥 읽게 된다.

글자를 보고 어느 정도 말을 익혔다면 다음엔 글자에 눈을 떼고 이미지 그림만 보고도 말할 수 있어야 한다. 글자 없이 그림만 보고 말할 수 있을 때 말하기는 완성이다. 우리가 사람을 만나 말을 할 때, 그 사람의 얼굴만 보고 말을 하는 게 아닌가. 말할 때, 내 머릿속에 글자가 떠오르지 않아야 브로카(말 뇌)가 움직이는 것이다.

대표적 스토리북으로 〈백설 공주와 일곱 난장이, Snowwhite and the Seven Dwarves〉 〈잭과 콩 나무Jack and the Beanstalk〉 〈미녀와 야수Beauty and the Beast〉 〈아기돼지 삼형제The Three Little Pigs〉 〈신데렐라Cinderella〉 5종이 있다. 이를 한국어 영어 중국어 일본어 스페인어 러시아어 까지 총 6개국어, 소리 나는 전자북-사운드펜으로 되어 있다.

책을 펴보면 앞쪽에는 그림에 6개국어로 된 대사가 나와 있고 뒤쪽에는 대사 없이 그림만 있다. 앞쪽에서 글자를 보며 대사를 익힌 후, 뒤쪽에 가서 그림만 보고 외워 보고, 생각이 안 나면 사운드펜으로 소리를 확인하며 말을 익힌다. 말을 할 수 있어야

언어의 완성이다.

문법Grammar과 패턴Pattern과 단어장Vocabulary도 총 5개국어(한국어, 영어, 중국어, 일본어, 스페인어 포함)로 옷 입혀 놨다. 외국어를 하는데 이것은 필수다. 영어와 중국어를 선택하든지 아니면 영어와 본인이 하고 싶은 또 다른 언어를 선택하면 된다. 스토리와 함께 문법 패턴으로 동시에 말을 익혀야 언어의 폭을 넓힐 수 있다. 끝없이 새로운 문장을 만들어 낼 수 있는 것이다.

처음엔 한글발음 표기에 따라 또박또박 읽고, 다음에 사운드펜 원어민소리를 들으며 내 발음을 교정한다. 한글 발음을 읽을 때는 천천히 또박또박 5번씩 몇 번을 반복하면 점점 가속도가 나서 소리가 자연스럽게 입에 착착 붙게 된다.

더 이상 외국어에 돈 들이지 마라. 영어뿐만 아니라 내가 배우고 싶은 외국어를 선택해서 훈련하면 된다. 교재 하나로 자녀뿐만 아니라 엄마 아빠 온 가족이 같이 해라. 한글로영어로 한국인은 벙어리 외국어로부터 해방될 것을 확신한다.

고양이 한 마리가 생쥐를 쫓고 있었다. 고양이는 배고프지만, 생쥐는 목숨이 달렸다. 누가 더 빠를까? 당연히 목숨이 걸린 생쥐가 더 빨랐다. 생쥐가 자기 집 구멍으로 쏙 들어가 "휴, 살았다" 한숨을 내 쉬었다.

하지만 고양이는 포기하지 않았다. 한참 후 고양이는 생쥐 구멍에 바짝 붙어 소리를 질렀다. "멍! 멍!" 생쥐는 이게 무슨 소리지? 궁금해 머리를 쏙 내밀다가 탁 잡히고 말았다. 고양이가 때마침 뒤에 구경하던 새끼 고양이에게 말했다.

"거봐, 제2외국어가 이렇게 중요한 거야."

외국어를 하면 그만큼 유익하다는 재미난 유머다. 혹 이 말을 듣고서 웃으셨는가? 웃었다면 난 여러분이 '한국어 전문가' 임을 인정하겠다. 왜냐하면, 그 나라의 코미디를 알아듣는 다는 것은 그 '언어의 완성'이기 때문이다.

그런데 이렇게 잘하는 한국어를 어떻게 배웠나를 생각해 보라. 문법으로 파닉스로 배우지 않고, 그냥 소리로 흉내 내면서 쉽게 배웠을 것이다. 말은 이렇게 배우는 것이다. 놀며 웃으며 재미있게 배워야 한다.

자녀에게 영어 중국어 제3외국어까지 시켜라

아이들에게 들은 얘기다.

"선생님, 영어 잘하면 뭐라 하게요?"

"글쎄다. 뭐지?"

"영재예요 영재. 그러면 수학을 잘하면 뭐라 하게요?"

"흐흐, 그건 알지. 수재지."

"맞아요. 선생님, 그러면 영어와 수학 둘 다 잘하면 뭐라 하게요?"

"영어와 수학 모두를 잘해? 그럼~ 천잰가?"

"아녜요. 영재수예요. 우리들 말로 영~재수 없다라는 뜻이예요."

이 이야기를 들으면서 한편은 우스웠고 한편으로 아릿한 슬픔이 마음에 올라왔다. 마음껏 놀며 친구를 사귀고 책 읽으며 세상을 아름답게 보아야 할 이때, 성적과 경쟁에 떠밀려 친구를

적으로 보아야 하는 모습이 안타까웠다.

더 웃기는 일이 있었다. 필자가 경주에서 한글로영어를 가르칠 때였다.

"선생님, 제가 오늘 학교에서 영재반 학생으로 뽑혔어요."

"아니 너도 알듯이 넌 영재 수준이 아니잖아?"

사실 이 아이는 행동이 느리고 좀 맹 한데가 있었다. 누가 봐도 영재는 아닌데 다만 한글로영어로 말을 잘하는 아이다.

"글쎄 말이에요, 그런데 학교 선생님이 제가 영어를 잘한다고 영재반에 보냈어요."

이게 학교 교육의 현실이다. 학교만 탓할 수 없다. 더 우선은 부모의 기대심리 때문일 것이다. 부모는 자기 아이가 영재나 수재가 되어 남다르게 특별한 아이라는 소리를 듣길 기대한다. 그래서 '영재반' 곧 특별반에 다니는 걸 자랑스럽게 여기는 것이다.

그런데 학습심리학에서 특수학습자exceptional learner를 이렇게 정의한다. "특별히 능력이 높거나 낮은 학생으로 전체 분포에서 상하 4~5%의 학생을 두고 말한다. 아래쪽 2~3%를 학습 지진 학생special student이라 말하고, 위쪽 2~3%를 영재 학생gifted student이라 말한다."

여기서 주목해야 할 것은 영재 학생을 학습하는 데 어려움이

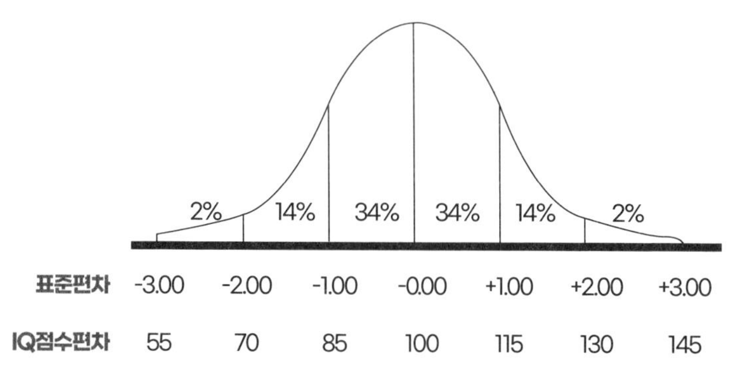

지능과 학업성취에 따른 분포곡선

있는 학습장애자로 분류했다는 점이다.

우리 주변에서 흔히 '영재' 소리를 듣던 아이가 점점 '수재' 가 되더니, 어느 시기가 지나면 '평균 이하'가 되어버리는 것을 볼 수 있다. 왜 이런 일이 생기는 것일까? 과연 이 아이는 영재라서 그런가? 그렇다면 어느 순간 왜 갑자기 능력이 감소하게 되는 것인가? 언어학적 입장에서 바라보자.

노엄 촘스키의 이론에 의하면, 사람은 태어나 별다른 노력이 없어도 쉽게 모국어를 구사할 수 있는 능력이 있지만 사춘기로 접어들면서 이 능력은 현저히 떨어지게 된다고 했다. 이는 특별한 이유 때문이 아니고 인간 뇌의 성장 과정에서 나타나는 자연스러운 현상으로 보았다.

쉽게 말해 우리 아이가 특별해 말 잘 하는 것이 아니고 성장과정에서 나타나는 일반적 현상이라는 것이다. 사실 우리 아이가 특별하기보다 평범한 아이로 태어났음에 오히려 기뻐해야 할 일이다. 아니 어쩌면 우리는 이미 모든 사람이 영재와 천재로 태어났다. 다만 그 재능gift을 어떻게 가꾸어 성장시켜야 하는지는 후천적 교육 방법에 달려있는 것이다.

저희 두 자녀가 영어와 중국어를 잘하고, 그리고 스페인어와 일본어, 최근에는 러시아어까지 말하는 것을 사람들이 보면, 이들은 원래 머리가 좋아서 아니면 부모로부터 좋은 DNA를 받아서 그럴 거라는 말을 듣는다.

그때마다 저희 두 자녀는 힘껏 손사래를 치며 이 말을 부정한다. "저희는 절대 머리가 좋지 않아요. 단지 엄마가 시키는 대로 한글로영어를 꾸준히 실천했을 뿐입니다."라 말한다. 사실 저희 자녀는 지극히 평범하다. 단지 우리는 남들이 가지 않은 길을 걸어갔고 먼저 한글로영어 학습법을 실천했기 때문이다.

언어의 기적 시기
초등학교 때를 놓치지 말라

유대인들은 자녀를 키울 때 '베드타임 스토리bedtime story'라는 것을 실천한다. 아이가 잠자리 들기 전에 책을 읽어주는 교육법이다. 이 시기를 놓치지 않았다.

또 유대인들은 세 살 때부터 모국어와 히브리어 영어를 동시에 가르친다. 이 방법으로 유대인들은 13세 성인식을 거행하기 전에 이미 영어, 히브리어, 이디시어Yiddish 3개의 언어는 기본 또 다른 언어를 구사한다. 이처럼 우리 아이들도 말을 배울 때 몇 개의 외국어를 같이 훈련시키는 것이 좋다. 언어 간에는 소리만 다를 뿐 개념은 똑같지 않은가. 그래서 모국어 실력이 좋을수록 외국어도 실력도 늘어날 수밖에 없다. 우리 나라의 모든 부모들은 지정학적으로 보아 영어와 중국어 두 언어는 필수로 자녀에게 가르쳐야만 한다.

신경심리학자 에릭 레너버그Eric Lenneberg가 '결정적 시기 가설'(Critical Period Hypothesis, CPH)에서 이렇게 말했다.

앞에서 우리가 알게 된 것으로 소리 언어는 브로카 영역Broca's Area에서, 글자 언어는 베르니케 영역Wernike's Area에서 한다는 것이다. 브로카 영역은 선천적으로 가지고 태어나지만, 베르니케 영역은 후천적으로 사춘기 때 만들어진다. 그래서 사춘기 전에는 언어를 쉽게 익히지만, 사춘기를 지나면서 언어 학습이 보다 늦어지게 되는 것이다.

이를 증명해주는 지니와 버드 보이라는 두 사례가 있다.

1970년 미국에서 발견된 지니Genie는 1957년에 태어났지만, 폭력적 아버지 때문에 집 헛간에서 13년간 묶여 짐승처럼 방치된 상태로 발견되었다. 이때 아이의 뇌는 백지상태였고, 많은 언어학자와 심리학자가 정상인으로 만들고자 체계적으로 교육을 시켰다. 몇 년이 지나서도 지니는 띄엄띄엄 몇 개의 단어만 말했을 뿐 정상인으로 만드는 데 결국 실패하고 말았다. 발견 당시 지니는 만 13세로 이미 베르니케 뇌가 활성된 시기였던 것이다.

하지만 2008년 러시아에서 비슷한 사건이 있었다.

편모 슬하에 7살짜리 버드 보이bird boy가 발견된 것이다. 엄마는 정신적 문제가 있어, 아이를 십 수 마리 새와 토끼와 함께 한 방에 가두어 짐승같이 키웠다. 발견 당시 7살 아이는 언어가 백

치였지만, 훈련을 거쳤더니 모국어를 거의 정상적으로 구사할 수 있었다.

발견 당시 지니는 13세였지만, 버드 보이는 7세였다. 이를 통해 결정적 시기 가설은 신경심리학적으로 충분한 근거를 가지게 되었다.

결정적 시기 가설에 더 증명해 주는 사례는, 열 살 이전 아이가 브로카 뇌에 손상을 입었을 경우였다. 처음엔 말을 잃어버리지만, 점차 회복되어 말을 잘 하게 되는 사례이다. 이 시기에는 브로카 뇌가 손상되더라도 뇌의 여러 부위가 상호작용을 통해 다시 회복되어 말을 익히는데 도움이 된다는 것을 알게 됐다.

하지만 사춘기 이후에 브로카 뇌에 손상을 입으면 성장이 거의 끝나서 언어 구사 회복이 잘 안되었다. 그래서 13세란 나이는 언어학습에 중요한 시기임을 알게 되었다.

브로카실어증Broca's aphasia과 베르니케실어증Wernicke's aphasia이 다르다.

필자가 경주에서 목회를 할 때 교인 중 한 사람이 무더운 여름 날씨에 논에서 엎드려 일 하다 뇌출혈로 쓰러졌다. 급히 수술해서 생명은 구했지만 브로카 영역이 괴사되어 제거하게 되었다. 회복 후 언어장애가 왔다. 말을 걸면 다 알아 들었다. 하지만 대답을 하려고 "어~어~" 땀을 뻘뻘 흘리며 말을 하려고 온갖 애를 다 쓰는데 입에서 말이 터져 나오질 않는 것이다.

장애 진단명은 '어페시아(실어증, aphasia)'이었다. 단어를 말하면 머릿속에 개념과 이미지는 그려진다. 하지만 소리로 발화하려면 입술 모양과 혀의 움직임이 내 의도대로 안 되는 것이다.

우리나라 영어학습도 마찬가지였다. '영어 실어증'이다. 머릿속에 글은 떠오르는데 입에서 소리가 나오질 않는 것이다. 이 장애는 충격으로 다쳐서가 아니라 잘못된 학습법 때문이었다.

반대로 뇌의 후두엽 '베르니케 뇌'에 손상이 오면 듣기가 안 돼 말이 횡설수설해진다. 말을 하긴 하는데, "색깔이 없는 녹색이 하늘에서 높이 끓고 있어"라는 식으로 희한한 말을 늘어놓게 된다. 브로카 뇌가 있어서 듣고 말하기는 된다. 하지만 글 뇌가 이상이 생겨 문법적으로 말이 안되는 이상한 말만늘어놓는 것이다.

이를 통해 확실하게 알게 된 것은, 외국어 배우기에 최적의 시기는 13세 이전이고, 이후 베르니케 뇌가 커지면 그만큼 어려워지는 것이다.

브로카 영역 중 컬라설 이스무스callosal isthmus에서 언어를 담당한다. 나이별로 좀 더 구분해 보자.

이 뇌 영역의 성장은 5세 이전에는 20%의 성장을 보이다가, 7세에는 75%, 8세부터는 80%의 빠른 성장을 보였다. 13세가 넘으면 0~25%로 급격히 떨어졌다. 언어 중추는 태어난 이후 꾸준히 발달하지만 5~13세 사이에 가장 빠른 발달을 보였다.

그래서 한글로영어와 같은 말 중심의 외국어교육은 5~13세 사이에 하는 것이 가장 효과적이다. 유치원 때부터 초등학교 6학년까지(그중 절정기는 초2~4년이다.) 이때는 모국어를 중심으로 몇 개의 외국어를 함께 훈련시키는 것이 자녀에게 평생 재산을 남기는 것과 같다.

유대인들은 이미 수천 년의 체험을 통해 5살부터 13세까지가 말씀 암송 교육에 가장 적절한 나이임을 알았다. 5살 이전에는 너무 어리고 산만해서 암송이 거의 불가능했고, 13살이 넘어가면 집중력이 떨어짐을 알게 되었다. 그래서 5살부터 13살까지 9~10년 동안을 학가다Haggada의 나이로 정하고 엄마와 아버지는 이때 무조건 낭독을 통한 암송훈련을 시켰다.

뇌 과학에서 보아도 13세 이전에 해야 브로카 뇌가 활성화되기 때문이다. 우리 어른들은 중학교에 가서 처음 영어를 배웠으니 가장 빨리 배울 수 있는 시기인 10년을 송두리째 다 놓쳐버린 셈이다.

언어 습득에는 두 가지 측면이 있다. 하나는 외국어를 구사하는 것이고, 다른 하나는 이해력과 사고력을 키우는 것이다. 대부분 사람은 외국어 말하기 능력이 더 중요하다고 생각한다. 그러나 언어의 본질은 말하기가 기본이고, 이후에 이해력과 사고력이 중요하다.

유대인은 13세에 있는 성인식을 결혼식만큼 중요하게 여긴다. 이후 새로운 토론식 학습법 '하브루타'를 시작한다. 많은 책을 아이에게 읽힌다. 13세까지 외국어 말문 트기에 집중한다면, 13세 이후에는 많은 책을 읽히고 토론해서 더 깊고 넓은 이해력과 사고력을 키워야 할 것이다.

편견만 버리면 어른도 영어 중국어 동시에 한다

성인이 되면 언어학습에 왜 어려운가를 알아 보면 세 가지 각각 다른 이론이 있다.

먼저 '퇴화설'이 있다.

나이가 들수록 브로카 뇌와 베르니케 뇌의 노화 현상으로 점점 퇴화해 가기에 외국어학습이 어려워진다는 것이다. 이것이 과연 옳다면 성인은 아예 영어를 포기하고 빨리 통역기를 구입해 사용하는 게 나을 것이다.

다른 하나는 '방해설' 이다.

노화 현상보다 심리적으로 방해요인 때문에 학습이 어렵다는 이론이다. "나는 원래 머리가 나빴어. 또 이제 나이가 너무 들어 배우기 힘들 거야"라는 잘못된 편견과 부정적 생각이 학습에 방해가 된다는 이론이다. 방해설이 옳다면 방해가 되는 요인만 제거하면 성인도 얼마든지 학습할 수 있다는 말이다. 많은 심리학자들은 '방해설'을 더 지지하는 편이다.

최근에 '방법적 방해설' 이 등장했다.

먼저 배운 문법적 지식이 말하기에 방해가 되어 말이 잘 안 된다는 것이다. 확실히 오랫동안 문법 중심으로 영어를 해 왔던 사람은 머릿속에 글을 먼저 떠 올린다. 그래서 말이 늦고 틀릴까봐 자심감도 없다. 이것은 말로 했나 글로 했나 라는 학습방법에서 오는 차이로 본다. 외국어를 글로 기계적으로 암기하면 나중에 입으로 꺼내 사용하는 데 큰 어려움을 겪는다는 것이다. 글자 규칙, 단어 규칙, 문법, 말소리 규칙 등 각자 따로따로 입력하면 출력할 때도 따로따로 나와 부자연스럽다. 또 글로 이해한 것과 소리로 습득한 것과는 다르다는 뜻이다. '방법설 방해설' 이론을 통해 외국어를 학습할 때 말을 먼저 익히고, 다음으로 글을 배워야 한다고 강조한다.

위의 세 이론에서 각자의 특징을 수용해보면, 성인은 아이보다 외국어 학습이 늦는 것이 사실이다. 하지만 편견을 제거하고 말 중심으로 학습하면 노년이 되어서도 얼마든지 새로운 도전을 할 수 있다.

성인에게도 희망은 있다. 뇌 연구 업적 중 최근 가장 큰 발견은

신경 가소성Neuroplasticity이론이다. 지식을 쌓으면 뇌에서 새 신경망이 만들어지고, 신경회로가 점점 더 굵어지게 된다. 공부하는 사람이 점점 더 IQ가 높아지는 것은 바로 이 때문이다.

마치 근력운동을 꾸준히 하면 근육에 알통이 생기는 것과 같다. 성인이 되어도 새로이 외국어를 배우게 되면 새로운 신경망이 만들어져 뇌 기능이 빨라지지만 사용치 않고 방치하면 세포가 회수되어 퇴화되어 버리는 것이다. 노인이 되어도 외국어를 계속 익히면 늘 청년 뇌로 살아갈 수 있지만, 사용하지 않고 방치하면 치매가 빨리 올 수 있다는 말이다.

심지어 미국의 병원에서는 노인이 뇌에 이상이 생기면, 이때 "외국어 하나를 공부할 때가 되었네요."라 처방하고 있다.

장기기억에 오랫동안 넣고 싶다면 내가 능동적으로 반복 또 반복해야 한다. 그러면 한 번도 가보지 않은 뇌 신경망에 새로운 길을 만들 수 있다.

뇌에 영어, 중국어의 고속도로를 뚫어라. 어릴 때만 영어를 배울 수 있다는 결정적 시기 가설을 너무 맹신하지 마라. 그냥 가설일 뿐이다. 성인이 되어서도 새로이 외국어 학습에 도전하는 것은 아름답다.

한글로 자신 있게 낭독훈련Shadow speaking하라

전화 영어, 화상 영어… 원어민과 직접 말해보는 것이 해답일까? 해답이 아니다. 사전에 입으로 연습도 안 해보고 바로 말할 수는 없다. 훈련 없이 전쟁터에 내보내면 깨지는 것이 당연하다. 실전에 들어가기 전에 '낭독훈련shadow speaking'으로 정확하고 유창한 발음과 자연스러운 리듬감각을 익혀라.

거꾸로 외국인이 한국에 와서 한국말을 배운다고 생각해 보라. 소리 언어부터 시작해서 문자 언어로 이어진다. 소리 언어로 익히면 의미 덩어리로 개념이 쉽게 이해된다. 가령 한글 책을 소리 내어 낭독하면 그 내용을 가장 정확하게 이해하게 된다. 여기에다 감정까지 실어서 호소하고 설득까지 할 수 있게 된다면 최고 수준이 되는 것이다. 영어도 이렇게 읽어야 한다. 한글로영어로 처음엔 또박또박 반복해서 읽다 보면 점점 이 단계에까지 이르게 된다.

라진스키 박사Ph.D Timothy Rasinski는 어떻게 하면 말이 유창해지는가에 대해 연구했다. 첫째, 각 단어의 강세(악센트)를 정확히 발음하는가? 둘째, 연음처리(축약, 탈락, 동화 등)로 영어 특유의 발음을 구사하는가? 셋째, 리듬과 억양을 자연스럽게 하는가? 넷째, 끊어 읽기로 정확히 이해하는가? 에 달렸다고 했다.

한글로영어에서는 악센트, 연음, 억양, 끊어 읽기? 크게 신경 쓰지 않는다. 한글 발음기호대로 정확히 읽고 사운드펜으로 소리를 들으며 확인하면 된다. 왜냐하면 언어는 위의 네 가지가 따로따로 구분하고 규칙으로 구속하면 자연스럽지 못한 이상한 말이 되기 때문이다. 한글로영어는 소리로 했기에 같은 영어라도 흑인식 발음, 미국 남부식 발음, 불어식 발음… 다 알아 듣고 말할 수 있다. 그냥 한글로영어를 확신하고 큰 소리로 훈련하면 된다.

낭독훈련shadow speaking으로 큰 소리로 내 반복적으로 읽으면 영어의 다양한 표현이 자연스레 내 것이 된다. 유창한 발음도 내 입으로 소리를 내야 되는 것이다. '영어식 사고'도 저절로 체득된다. 지금까지는 한국말 어순을 거꾸로 해석하는이중 번역 습관을 갖고 있었지만, 낭독훈련을 하면 읽어나가며 이해하는 영어식 사고가 자연스럽게 체득되게 된다.

그런데 '낭독훈련'을 할 때 반드시 한글로영어로 해야 한다. 왜냐하면 한글표기가 없으면 혹시나 내 발음이 틀리지는 않을까? 연음 때문에 내 발음이 틀리지 않을까? 라는 염려로 자신이 없어져 큰소리를 내지 못한다.

이제 정확한 소리로 표기된 한글을 읽어보라. 한글이니 읽기가 너무 쉽다. 한국인의 눈에 익숙하다. 한글로영어에 대한 믿음이 클수록 더 자신 있게 소리를 내게 된다. 그러면 더 빨리 영어가 입에 붙는다. 신기해 보이지만 뇌의 자연스러운 현상이다.

120일 동안 아침저녁 30분씩 빼지 말고 낭독훈련을 해보라. 그러면 기적같이 입이 열리고 귀가 뚫리는 신기한 경험을 하게 될 것이다. 입이 근질거리며 원어민과 대화하고 싶은 생각이 막 솟구칠 것이다.

'교육'을 'Education'이라 한다. 이 말은 라틴어 e+du+cate의 합성어로, 뜻은 '안에서+끌어내다+큰 능력'이다. 내 속에는 영어를 잘 할 수 있는 엄청난 능력이 있다. 그 능력을 입으로 풀어내라. 영어를 유창하게 말하고 싶은가? 지긋지긋한 벙어리 영어에서 탈출하는 길은 딱 하나! 내 입이다.

요즘 국제적으로 공인된 어느 시험이든 '말하기speaking' 항목이 들어있다. 하지만 사춘기가 되면 아이들이 좀처럼 입을 열지 않는다. 자기들끼리 있을 때는 그렇게도 떠들던 아이들이 수업 시간만 되면 돌변 침묵 모드로 변한다. 학부모는 전화 영어나 필리핀 화상 영어를 시키지만 한 달도 못 되어 싫증을 내고 만다.

학교나 학원에서 스피킹 수업을 하고 싶지만 실행하기 어려웠고 뾰쪽한 대안도 찾지 못했다. 이것이 한국 스피킹 교육의 적나라한 모습이다.

대안이 있다. 한글로영어 낭독훈련이다. 아이들이 왜 입을 열지 않는가? 자기 발음에 자신이 없어서이다. 말하기 싫어서 아니다. 자기들끼리 두면 신나게 수다를 잘도 떨지 않던가! 단지 영어 말하기가 싫어서 그렇다.

한글로영어 교재는 〈사운드펜〉이 있어 문장에 펜을 대면 즉석에서 원어민 소리를 듣게 된다. 소리를 듣고 흉내 내듯 '낭독훈련shadow speaking'을 하면 연음이나 리듬에 익숙해지고 문장의 의미 단위까지 파악하게 된다. 원어민 없이 혼자서 이만큼 놀라운 효과를 낼 수 있는 것이 바로 '한글로영어 낭독훈련'의 장점이다.

한글로영어로
꼴찌가 단숨에 전교1등이 된 사건

최근 강원도 모 교회 부설 평생교육기관에서 있었던 일이다.

중학교 3학년 여학생이 있었는데 학교 성적이 반에서 늘 꼴찌였다. 영어라고 아는 것이 겨우 abc 철자 수준이었다. 공부는 안 하고 날마다 깻잎 머리에다 롤을 감고 다니니 아빠는 머리 아파 죽을 지경이었다. 이 문제의 학생이 바로 그 기관 원장님 조카였다.

원장님은 한글로영어에 확신이 있었기에 이 학생을 맡았다. 2019년 2월 봄방학 열흘 동안, 영어로 읽기가 아니라 한글로 읽기라 영어에 재미가 붙었다. 짧은 열흘간이었지만 효과를 톡톡히 봤다. 계속 이어서 1학기 내내 한글로영어 학습법으로 집중적으로 훈련을 했더니 기말고사 때 영어시험 97점! 이때 시험이 엄청 어렵게 출제되다 보니 전교 꼴찌가 영어 과목에서 전교 1등을 해 버린 것이다.

엄마는 눈물을 흘리고, 신이 난 아빠는 딸을 부를 때마다 "전교 1등"이라 불러댔다. 학교가 들썩였다. 이 소문이 도시 내 학부모들 입에서 입으로 퍼졌다.

그러나 문제가 터졌다. 누군가 교육청에 신고했다. '한글로영어가 학교 성적을 올렸으니 불법이다'라는 것이다. 결국 이 일이 정부 교육부에까지 올라가게 되었는데 최종적으로 '문제가 없다'라는 법해석을 받아냈다.

놀랍지 않는가! 전교 꼴찌가 전교 1등으로! 읽기만 했는데 어쩌다가 생각도 안 했던 성적을 올리게 만들어 버렸으니! 이 일로 다시 한 번 확인한 것은 한글로영어는 머리와 무관하고 입으로 훈련한 시간만큼 된다는 것이었다. 세종대왕께서 만드신 자랑스러운 '한글'의 힘을 보여준 사건이었다.

영화 스타워즈의 주인공 검은 마스크를 쓴 다스 베이더를 아는가?

카리스마 넘치는 그 목소리의 주인공은 바로 영화배우 제임스 얼 존스란다. 제임스 얼 존스는 어렸을 때 8년간 말 한마디 제대로 못했던 심각한 말더듬이였다. 고등학교 때 한 선생님이 그에게 시를 낭독하게 하면서 언어치료를 시켰다. 낭독훈련 shadow speaking이 그를 세계적 영화배우, 성우가 될 수 있게 했다. 이렇게 낭독훈련으로 언어장애 치료가 된 사례가 많다.

재미있는 것은 그간 한글로영어로 훈련했던 사람 중에 "나도 말더듬이었는데, 한글로영어로 했더니 말더듬도 잡혔어요!"라는 사람이 여럿 있었다. 반기문 총장도 학창시절 영어교과서의 단어와 문장을 큰 소리로 읽었단다. 자꾸 입으로 내뱉는 연습을 하다 보니 자연스레 암기도 되고 말이 되었다는 것이다.

'가랑비에 옷 젖는다.'는 속담은 '낭독훈련shadow speaking'에 적용된다.

국내 최연소 11살(초등학교 4학년) 때 토익시험 만점을 받은 서지원 양이 EBS방송 다큐멘터리에서 보여준 것은 전형적인 '낭독훈련shadow speaking'이었다. 그 어머니가 따라 말하기 낭독 연습을 시켰단다. 부엌에서 설거지할 때 물소리보다 더 큰 소리로 영어 낭독을 시켰다고 한다. 그랬더니 말에 자신감이 생기고 문장이 덩어리로 이해가 되었다고 한다.

이렇게 영어를 잘하는 사람은 머리로 생각하지 않고 자동으로 말이 튀어나오게 훈련했던 것이다.

한글로영어는 뇌 과학적으로 올바른 학습법

한글로영어를 학습심리적으로 살펴보면 아래와 같다.

첫째, 행동주의 접근법behavioristic approach이 있다.

파블로프Ivan Pavlov의 개 실험을 기억할 것이다. 개에게 먹이를 줄 때 종을 쳤더니, 나중엔 종소리만 듣고도 침을 흘리는 무조건 반응을 알게 된 것이다. 이를 학습에 적용한 것이 '습관화'와 '상과 벌'이다.

한글로영어 훈련이 '습관화'이다. 원어민 학습이나 필리핀 화상 영어, 한글로영어의 '사운드펜 훈련'이 여기에 속한다. 언어 훈련에 가장 효과적이고 편리하며 가성비 또한 최고인 것이 바로 사운드펜이다.

또 잘하는 아이에게 상으로 상품을 주었더니 역시 효과가 있었다. 상품을 싫어하는 사람은 없다. 하지만 부잣집 어떤 아이는 "난 안 받아도 돼요. 엄마에게 하나 사 달라 하면 돼요" 라 포기하는 아이가 있었다. 행동주의 이론의 한계였다. 사람은 동물 이상이기 때문이다. 그래서 스키너B. F. Skinner는 "사람은 동물과 달리 능동적 반응을 하도록 이끌어 줘야 한다"고 했다. 가령 성공한 사람을 모델로 삼아 새로운 습관을 만드는 것이다.

둘째, 인지주의 접근법cognitive approach이다.

인지주의에서는 "언어가 과연 모방 훈련이라면 모방 밖의 것은 되겠나, 새로운 말은 어떻게 만들어 내겠는가?"라는 의구심을 갖게 되었다.

처음 아이들이 말을 배울 때, "I went to the zoo."라는 말을 "I goed to the zoo."라 말을 잘못한다. 이 아이는 "전에 했던 일은 모두 뒤에 ed를 붙이면 되었지"라는 규칙을 혼자 추측한 것이다. 이 규칙에서 오류가 발견되면 수정해서 점점 정확한 말로 수정해 나가는 것이다.

이처럼 아이들의 숨겨진 능력을 믿어주는 것이다. 오히려 "틀려도 괜찮다. 틀린 말을 했다고 인격이 틀린 것은 아니야!"라며 실수에 부담을 주지 않아야 한다. 사실 외국어를 잘하려면 맞든 틀리든 자꾸 입으로 소리를 내 봐야 된다. 경상도 말로 "막 시부려 봐야" 된다. 잘못을 했다고 결코 얼굴 붉힐 일이 아니다. 인격에 오류가 난 것이 아니기 때문이다. 차츰 문법적으로 어떤 말이 더 자연스러운지 알아가면 된다.

영어가 틀렸다고 야단치면 학생에게 무거운 돌을 지워 깊은 바다에 빠뜨리는 것과 같다. 이 점에서 한글로영어는 정확한 발음으로 적었기에 실수에 부담도 없다. 유창한 말이 되니 당당해지고 자신감이 생겨 성격까지 바뀌는 일이 허다하다.

셋째, 기능적 접근법functional approach이다.

장 피아제Jean Piaget는 언어학습을 할 때 아이의 사고발달 단계에 맞게 교육해야 한다고 했다. 그래서 학습자의 나이에 적합한 교재가 필요하다고 했다. 한글로영어는 언어학습에 '기적의 시기'인 유치원 때부터 13세 이전까지 말 중심으로 훈련시킨다.

레프 비고츠키Lev Vygotsky는 아이가 자라면서 사회적으로 어떤 사람을 만나는가에 따라 언어의 폭도 넓어진다고 보았다. 언어학습에는 선생과 또래친구가 중요한 역할을 한다. 한글로영어의 코치역할이 외국어 학습효과에 얼마나 큰지 아무리 강조해도 지나치지 않다.

넷째, 정보처리이론information-processing theory이다. 이 이론은 외국어학습에서 굉장히 중요하니 좀 더 꼼꼼하게 설명하겠다.

정보가 사람에게 들어오는데 총 3단계를 거친다. 먼저 '대문'을 지나고, '소문'을 살짝 통과해, 마지막 큰 '지식의 방'에 저장되는 것과 같다. '대문'은 감각기관(시청후미촉각-5감)이고, '소문'은 작동 기억(단기 기억)인데 약 20초 정도 살짝 거친다. 마지막 '지식

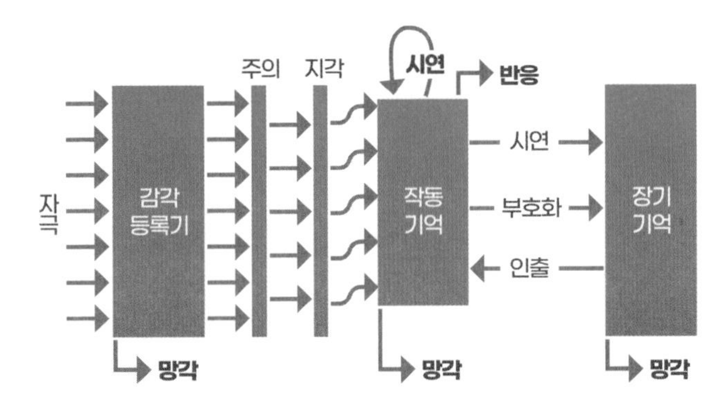

출처 : Eggen & Kauchak, 1992.

의 방' 장기 기억으로 들어간다. 장기 기억 방에 저장하는 방법은 시연, 부호화, 인출, 주의가 있다.

자 여기서 '시연rehearsal'이란? 단어를 소리 내어 반복해서 읽어 기억하는 방법이다.

사람들은 반복하지 않으면 금방 잊어버린다. 독일의 심리학자 헤르만 에빙하우스Hermann Ebbinhaus의 '망각곡선'에 의하면 학습 후 10분 뒤부터 망각이 시작되어 1시간 뒤에는 56%, 하루 뒤에는 74%, 한 달 뒤에는 79%를 망각하게 된다는 것을 알게 되었다.

이것을 보완하는 최고의 방법이 바로 반복이다. 에빙하우스는 하루 지나면 74%를 망각하기에, 기억하는 것 26%는 넣어두고, 망각한 74%를 다시 꺼내 7번을 반복하면 100%다 기억할 수 있게 된다는 것이다.

한글로영어에서 자주 하는 말, "안 외워도 된다. 읽고 나서 까먹어라, 또 읽으면 된다. 한꺼번에 몰아치기보다, 짧게 여러 번 반복하라."라는 이유가 여기에 있다.

새로운 단어를 외우고 까먹더라도 7번 반복하면 장기기억으로 들어간다. 하지만 문장 속에서는 몇 번만 해도 된다. 문장 속의 단어는 문장마다 의미가 달라지기 때문에 단어 하나만 달랑 외우는 것보다 그 사용 용도가 더 잘 이해되기에 훨씬 정확한 말이 된다.

그래서 반복 학습은 시차를 두어야 한다. 한꺼번에 7번 왕창 외우는 것이 아니라 외우고 망각하기를 여러 번 반복해야 기억에 남게 된다. 이를 '시연' 이라 한다.

기억에서 망각까지는 보통 8시간이다. 그래서 한꺼번에 왕창 학습하기보다는 8시간마다, 그러니까 하루 중 잠자는 시간 8시간을 뺀 나머지, 아침과 저녁에 한 번씩, 오전과 오후 하루 두

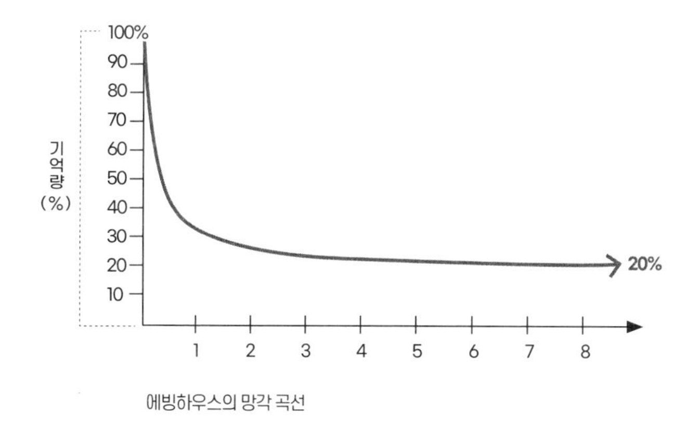

에빙하우스의 망각 곡선

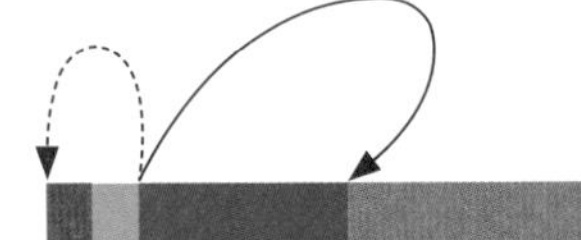

학습카드는 계속 이동한다. 기억이 나면 뒷칸으로, 기억이 나지 않으면 첫째칸으로

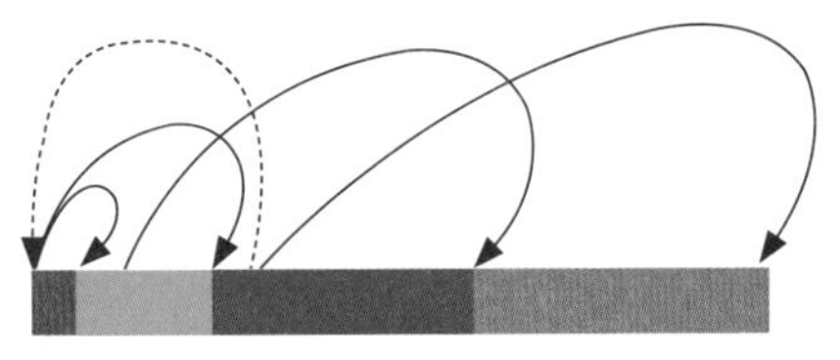

외운단어 (------▶)와 잊어버린 단어 (——▶)가 가는 길

번 책을 꺼내 읽기만 하면 된다.

유대인 학습법에서 "누웠을 때든지 일어날 때든지"라는 말은 '아침에 읽고, 저녁에 다시 낭독하라' 뜻이다. 심리학자들은 이 방법이 암기에 최고라 말한다.

한글로영어 단어 학습장을 보면 에빙하우스 망각의 곡선 원리 그대로 구성되어 되어 있다. 아는 단어는 빼고 망각한 것만 다시 소리 내 암송한다. 7번이 아니라 서너 번 하면 다 외워 버린다. 나중에 다시 한두 번 암송하면 끝이다.

'부호화encoding'란 기존에 알던 것에서 새로운 지식을 연결해 기억하는 방법이다.

마치 먼저 책장을 만들어 놓고, 다시 칸마다 이름을 정한 다음에 관계된 책을 그 칸에 꽂는 것과 같다.

가령 콜럼버스가 신대륙 발견한 때를 1492년(땅에 맨발로 뛰어내려 "하! 내 구두"라 외웠다.)이라 외워 두면, 1392년은 조선건국, 1592년은 임진왜란 시작이라쉽게 외울 수 있다. 이렇게 연대적 칸을 만든 다음, "세종대왕의 한글 반포가 언제였더라?" "1392년에 이성계가 조선 건국했으니, 그 손자가 세종이라, 아! 1446년이었구나!" 이런 식으로 역사적 사건을 줄줄이 꿰게 된다. 이것이 부호화이다.

모든 외국어 소리를 들어 보면 접두어나 접미사가 대부분이다. 이렇게 소리의 틀을 '부호화'로 익히면 훨씬 빠르다.

'인출retrieval'이란 자주 꺼내 사용하라는 말이다. 아무리 기억해 두어도 시간이 지나면 흐릿해져 다시 망각의 늪에 빠지게 된다. 하지만 자주 꺼내 사용 또 사용하면 계속 장기기억에 남게 된다.

미국에서 영어로 말하다가 한국으로 와서 10년간 영어를 사용 안 하면 어떻게 될 것 같은가? 다 까먹고 없어질 것 같은가? 걱정하지 마라. 처음엔 말이 잘 안 나오지만 얼마간 사용하다 보면 다시 입이 풀려 예전처럼 말이 술술 나오는 것을 경험한다.

마치 자동차운전을 오랫동안 안 해보면 서툴게 되지만, 다시 운전석에 앉으면 얼마 안 돼 몸의 기억이 되살아나 운전이 되는 것이다. 이처럼 말로 하는 외국어는 운동 기억이라 입이 기억해 다시 말로 튀어나오게 되는 것이다.

한 가지 더 추가하자면 '주의attention'이다.

이것은 본래 필자의 전공 심신의학의 '명상'과 관계가 깊다. 아무리 좋은 학습 도구를 주어도 학생이 스트레스를 받고 마음이 콩밭에 가 있으면 학습 효과는 꽝이다. 어떻게 해야 정신을 집중하게 하고 몰입할 수 있게 할 것인가? 멍하니 50분 수업보다 정신을 집중해서 10분간 하는 게 낫다.

갓난아이의 뇌는 공장에서 바로 출하된 컴퓨터와 같다. 기본 프로그램은 유전자에 내장되어 있고, 이후 밖으로부터 오감을 통해 많은 정보가 차곡차곡 쌓이게 된다.

밖에서 밀려오는 시각, 청각, 촉각, 후각, 미각에 마음을 기울여 본다. 가령 눈을 감고 귀에 마음을 집중하면 지금까지 들리지 않았던 소리가 크게 들리게 될 것이다. 집중하고 머물러야 들린다. 가만히~ 밖에서 들리는 소리도 있고, 안에서 들리는 소리도 있다.

사실 듣기를 잘하는 사람이 말을 잘한다. 청각은 언어창고의 입구다. 한자에 '경청敬聽'이란, 기울일 경과 들을 청으로 '귀를 기울여 정신을 집중해 듣는 것'을 훈련하는 것이다. 귀를 기울여 들음은 외국어 학습에 중요하다. 이것을 반복하면 듣기 능력이 길러진다. 시끄러운 전철이나 레스토랑에서 타인의 대화에 귀 기울여 들어보는 것도 외국어 학습에 효과적이다. 경청이 훈련된 사람은 구태여 학습실에서 이어폰을 쓸 필요가 없다. 언제 어디든 시끄러운 시장에서도 들을 수 있어야 진짜 외국어다.

이러한 집중훈련으로 학습자의 동기유발, 자기주도 학습, 집중시키기, 지속시키기, 시험 불안 극복 등을 익히게 된다. 한글로영어가 주최하는 〈교사연수〉 3주간 ZOOM 강의 때 체험하며 배우게 된다.

글에서 눈 떼고 말할 수 있어야 완성이다

책을 보며 읽는 것은 말하는 것이 아니다. 영어는 글에서 눈을 떼고 사람 얼굴을 보며 말할 수 있어야 진짜다. 이를 위한 가장 좋은 학습법은 아래와 같다.

첫째로, '같이 읽기' 혹은 '사운드펜sound pen 따라 읽기'이다.

영어를 오랫동안 공부했던 사람도 대부분 말하기는 초보다. 난 영어를 좀 하는 사람인데 초보라니 섭섭한가? 그래도 어쩔 수 없다. 왜냐하면 그간 눈으로만 공부를 해왔지 말로는 초보다. 한글로영어 말문 트기 교재를 보여주면 "아휴, 이건 쉬워요"라 말한다. 하지만 책을 덮고 이제 말해보라 하면 한마디도 못한다. 글은 쉬운데 말 훈련을 안 해 봤기 때문이다.

먼저 시작했던 멘토가 이제 막 시작하는 후배에게 발음법과 읽기를 지도해 주는 것이다. 멘토는 엄마나 교사가 할 수 있다. 한글로영어 멘토는 대단하다. 읽기를 미리 한두 달 먼저 해 놓으면 초보보다 이미 100리를 앞서 나간 수준이 된다.

멘토는 초보와 함께 읽기를 한다. 둘이 같이 읽다가 학생이 혼자 읽을 수 있겠다 싶으면 침묵해준다. 발음이 부족하거나 도움이 필요할 때는 다시 멘토가 개입해 도움을 준다. 연습을 마치면 피드백을 준다. 때로는 선창하면 뒤따라 복창하는 식으로 낭독Shadow Speaking 할 수도 있다. 어떤 때는 엄마 목소리, 할머니 목소리, 로봇 목소리, 개미 목소리… 목소리도 바꿔가며 재미있게 읽으면 더 효과 만점이다.

이렇게 할 때 가장 효과를 보는 사람이 멘토(교사)다. '가장 좋은 학습법은 남을 가르치는 것'이라 했듯, 남을 지도하면 95%가 머리에 남게 되고, 혼자 하는 학습보다 6배나 더 큰 효과를 얻게 되는 것이다.

멘토 없이 혼자 할 수 있는 방법이 사운드펜Sound Pen 활용이다.

펜을 전자책 어느 문장에 갖다 대도 원어민 발음으로 대신 말해준다. 사람은 몇 번 물으면 짜증을 내지만, 이 친구(사운드펜)는 수백 번이라도 짜증 부리지 않고 새벽 2시에도 말해

준다. 한글로영어가 특허로 반복 재생, 따라 하기 기능, 멈추기, 교재 선택 등 여러 가지 기능을 넣었다. 사운드펜으로 낭독Shadow Speaking하는 것은 외국어학습에 가장 효과적이다.

두 번째로, 단체로 낭독하기Choral Speaking이다.

중년분들은 기억하는가? "우리는 민족중흥의 역사적 사명을 띠고 이 땅에 태어났다. 조상의 빛나는 얼을 오늘에 되살려 안으로 자주독립의 자세를 확립하고 밖으로 인류공영에 이바지할 때다. 이에 우리의 나아갈 바를 밝혀 교육의 지표로 삼는다…." 기억나는가? 옛 학창 시절에 암송했던 국민교육헌장이다. 지금 읽어보면 단어 하나하나가 참 어려운 용어들이다.

기억해보면 그때 혼자서 외우느라 참 힘들었지만, 학교에서 학급 전체가 소리 내 외울 때 쉽게 할 수 있었던 기억이 있다. 단체로 하는 집단의 역동성에다 입으로 암송하면 훨씬 더 강력한 힘이 나타난다. 창의력을 발휘해 여러 방법으로 시도해보라. 남학생과 여학생, 짝수와 홀수 번호, 낮은 목소리와 높은 목소리… 누가 더 잘하는지 경쟁도 붙여보라. 단체 역동성을 활용할 필요가 있다.

이는 평소 과묵한 사람이나 부끄럼이 많은 사람의 불안감을 씻어줄 방법이 된다. 이때 자기 목소리가 전체의 시끄러운 소리에 묻히지 않게 자기 귀에 들리도록 큰 소리로 하는 것이다.

세 번째로, 반복해 낭독하기Repeat Speaking이다.

언어는 머리로 하는 게 아니라 입으로 반복해서 훈련하는 것이다. 입으로 반복해야 브로카 뇌가 움직여 말이 튀어나오게 된다. 자동차 운전을 생각해 보라. 강의로 이론으로 아무리 배워도 실전에서 운전하지 못한다. 오로지 연습장에서 여러 번 연습해야 몸에 익혀지는 것이다.

영어 말하기에 한글 표기가 없으면 발음이 정확치 않고 모르는 어휘 때문에 읽기가 힘들어져 자신감까지 잃게 된다. 하지만 한글로영어로 반복하면 정확도와 속도가 높아지고 말이 유창해져 자신감마저 얻는다. 이렇게 훈련이 쌓이고 나면 어떤 텍스트를 가져와도 유창하게 읽을 수 있게 된다.

'3.3.3의 법칙'을 실천해보라.

3권 교재로, 각 3페이지씩, 3일 동안 반복해 읽는 것이다. 아침에 30분, 저녁에 30분 정도 시간을 내어 본문은 5번씩 읽으면 된다. 이를 위해 특별히 자기만의 시간을 정해 두어라.

1차 70일, 2차 50일, 4개월간 꼬박꼬박 일정표에 체크를 하라. 1차 70일만 해도 벌써 말이 자연스러워지고, 2차를 마치면 말문이 트이게 된다. 한글로영어 방법이 아니고는 이런 효과를 절대 거두기가 어렵다.

네 번째로, 무대에서 낭독 발표하기Performance Speaking 이다.

심리학에서 오감을 다 활용하는 학습이 효과가 크다는 것을 확인했다. 동화구연이나 연극으로 영어학습을 하면 오감으로 체득이 된다. 연기자처럼 낭독해 보자. 처음에는 그냥 대본을 들고 낭독해도 된다. 대사를 까먹을까 하는 두려움도 없고 대사의 상황에 그냥 몰입할 수 있는 장점이 있다. 무대에 서게 되면 감정이입이 잘 돼 감각화가 훨씬 빠르다. 이런 식으로 반복하다 보면 자연스레 대본 없이 말할 수 있게 된다. 무대에서의 낭독은 언어 습득을 위한 120시간의 법칙, '임계점'을 돌파하는데 최고의 방법이다.

한글로영어 공개강좌 때, 탤런트 정영숙 씨가 방문했다. 제일 앞자리에 앉아 열심히 듣고 강의 소감을 말해주었다.

"우리 연기자들은 남이 써준 대본을 받고 읽고 또 읽어 100번 정도 읽으면 내 말이 돼요. 한글로영어도 똑같은 방식인데 안 될 수가 없겠네요."

TV 연기자들이 대본 연습하는 것을 보았는가? 대본에 빽빽하게 메모를 해 가며 대사를 자기 것으로 만든다. 남이 써준 말이지만 100번 정도 읽고 나면, 내 말이 되고 감정까지 이입이 되 눈물까지 흘리게 된다. 이 정도의 열정이면 못할 외국어가 없다.

위에 '글에서 눈을 떼고 말하기'까지 네 가지 학습법을 순차적으로 소개했다. 사운드펜 사용하기, 단체로 훈련하기, 반복 훈련하기, 무대에서 발표하기이다. 먼저 가벼운 마음으로 사운드펜 학습법부터 해 보라.

작심삼일을 이기는 '습관' 들이기

이미 앞부분에서 외국어는 눈으로 '공부'해서는 말이 안 되고, 입으로 반복 '훈련'을 해야 말이 되는 것임을 알게 되었다. 또 말은 전두엽의 브로카 영역을 움직여야 하고 반드시 입과 귀를 통해 훈련해야 된다는 것도 알았다. 입 훈련은 마치 피아노 연습, 타자 연습, 테니스 연습처럼 반복 또 반복하다 보면, 저절로 몸이 기억하게 되는 데 이를 '암묵기억'이라 말했다. 지금까지 대부분의 영어학습법은 잘못된 방법 때문에 아무리 해도 노력한 만큼 말이 안됐다. 하지만 한글로영어는 훈련 효과가 매일매일 눈에 보일 정도로 향상됐다.

하지만 훈련은 쉽지 않다. 늘 같은 것을 반복해야 하는 것이 귀찮아 중도에 낙심하기 쉽다. "작심삼일"이란 말이 있듯, 매일 하기가 귀찮아 중도에 포기하는 경우가 허다하다는 점이다. 훈련을 어떻게 해야 쉽게 할 것인가? 어떻게 재미있게 할 것인가? 같은 노력으로 큰 효과가 나게 할 것인가? 한글로영어는 그간 많은 실험을 거쳐 최고의 방법을 알게 되었다. 이것을 소개하겠다.

"시작이 반이다."란 말이 있다. 연초가 되면 다이어리에 신년 계획을 적는다. '담배를 끊겠다." "살을 5Kg 빼겠다." "매일 일기를 쓰겠다."… 하지만 그중 늘 관심분야는 "올해는 외국어 하나를 뚫겠다."라는 것이다. 하지만 1개월이 지나고 2개월까지 꾸준히 이어가는 사람은 열에 하나도 안 된다. 왜 이렇게 외국어 훈련하기가 어려운 것일까?

필자(김종성)는 의과대학에서 심신의학Psychosomatic Medicine을 가르쳤고, 대학병원 내 심신통합의학 교실에서 환자의 생활습관과 마음 바꾸는 일을 했다.

병원에서 일할 때, 타과에서 우리 과로 보내는 환자 중 비만 치료 환자가 많았다. 비만클리닉에서는 보통 100Kg 이상 나가는 환자에게 처음 이뇨제를 먹이고 지방흡입술까지 진행해 무려 15~20Kg을 빼 준다. 문제는 3개월 후 환자를 다시 만나보면 예전 그대로 다시 살이 팡 쪄 온다는 것이다. 그래서 환자분의 생각과 식습관을 좀 바꿔 달라고 우리 과로 보내는 것이다. 우리 과에서 〈심신의학 훈련프로그램〉에 참가하면 대개 2~3개월이면 크게 바뀐다. 이 프로그램의 핵심은 매일 꾸준히 훈련하는 것이다.

알고 보면 〈심신의학 훈련프로그램〉이나 〈외국어 학습훈련〉도 같은 원리이다.

어떻게 재미없고 귀찮은 '훈련'을 어떻게 '습관화' 시킬 것인가? 습관화가 핵심이다.

'작심삼일'. 의지가 부족해서인가? 절대 아니다. 습관화되지 않아서이다. 우리는 매일 일어나 이 닦고, 옷 입고, 밥 먹고, 딴 생각하고… 습관적으로 행동한다. 습관은 너무 가벼워 스스로 알아채지도 못한다. 의식과 행동이 따로 논다. 즉 의식해서 하는 행동이 아니라 무의식적으로 저절로 움직이기 때문이다.

왜 그럴까? 사람은 행동해야 할 일들이 여러 가지인데, 의식은 한 가지에만 집중하게 되어 있다. 할 일이 많아지면 이것도 해야 하고 저것도 해야 하고 자연히 의식 간에 병목현상이 일어난다. 그래서 뇌는 많은 일을 효율적으로 처리하기 위해서 늘 하던 일들을 단순화시키려 한다. 반복되는 일들을 무의식적으로 자동처리해서 시간과 에너지 낭비를 최소화하려는 것이다. 이것이 '습관화'이다.

그런데 처음부터 '습관'이 되는 것이 아니다. 처음에는 의식적으로 '학습'을 해야 하고, 여러 번 반복하면 결국 무의식적으로 몸에 '습관'으로 자리 잡는다. 이처럼 외국어 훈련도 '습관화'시키면 최대의 효과를 얻게 된다.

행동주의 심리학자 스키너B.F. Skinner는 쥐(비둘기)를 통한 '강화'와 '소거' 실험으로 유명하다.

먼저 '강화' 실험으로 쥐를 통 안에 넣고 레버를 누르면 앞에 먹이가 나오는 장치를 마련했다. 그랬더니 쥐는 배가 고플 때마다 레버를 눌러 댔다. A그룹의 쥐들은 100번 정도의 훈련으로 '학습'시켰다. 또 다른 B그룹은 더 오랜 시간 500번 정도의 훈련으로 '습관화'되기까지 시켰다.

다음엔 '소거' 실험을 진행했다. 레버를 당길 때마다 바닥에 약간의 전기충격을 주어 스트레스를 주니 그간 학습된 레버 당기기가 점차 줄어드는 것이다(소거).

100번 '학습'했던 A그룹 쥐들은 더 이상 레버를 당기기는커녕 보지도 않고 피했다(완전 소거).

그런데 500번으로 습관화된 B그룹 쥐들은 지나다가 레버가 눈에 보이면 전기충격은 생각지도 않고 그냥 무의식적으로 레버를 당기는 것이다. 몸이 '습관화'되어서 그렇다.

마치 아이들이 냉장고를 지날 때, 배고프지 않아도 그냥 냉장고 문을 여는 것도 바로 이 '습관' 때문이다.

그래서 심리학자 윌리엄 제임스는 "습관을 제2의 천성"이라

했다. 천성 identity란, 반복identidem과 실제essentitas란 말인데 즉 반복된 실제가 '나'라는 말이다.

가령, 술 담배에 찌들고 습관적 거짓말하고 게으르고 욕하는 '나쁜 습관' 때문에 '나쁜 사람'이 되고, 정직하고 시간약속 잘 지키고 친절한 '좋은 습관'으로 '좋은 사람'이라는 평을 받는 것이다.

「How are habits formed: Modelling habit formation in the real world(습관은 어떻게 형성 되는가: 실생활에서 습관형성 모델), Philippa Lally, European Journal of Social Psychology 2009」이라는 연구 논문이 있다.

심리학 잡지에 실린 이 논문에서 '반복 훈련이 습관화(자동화)되기까지 평균 66일이 걸린다'는 결과가 나왔다. 약간의 개인차는 있겠지만 하나의 외국어가 말문이 트이는데 걸리는 시간이 120시간(하루 1시간 반씩 훈련은 3개월, 하루 1시간씩 훈련은 4개월)이면 충분하다는 말이다.

하지만 열정만 가지고 달려들어 봐야 성공하는 것이 아니다. 열정만으로는 '작심삼일'이 되기 쉽다. 어떤 사람은 '작심 하루'다. 통계에 열정을 가진 사람 중에 목표를 이루는 사람은 겨우 3%뿐이다.

"나도 이번 기회에 영어를 뚫어봐야지"라 마음을 단단히 먹고 도전해 보지만, 정작 꾸준히 해 나가는 사람은 3%밖에 안 된다는 것이다.

꾸준한 끈기가 있어야 한다. 3%의 사람을 어떻게 하면 30%로? 다시 70% 이상 끌어올릴 수 있을까? 한글로영어는 여러 가지 심리적 전략을 접목해 왔다.

외국어를 꾸준히 하려면 반드시 아래 3가지 전략을 실천하는 것이 좋다.

첫째, 부담 안 되게 작게 시작하라.

둘째, 행동을 바꾸기 전에 환경을 바꾸자.

셋째, 재미와 보상을 주라.

첫째, 작게 시작하라.

새 언어를 훈련한다는 것은 뇌에 새로운 길을 만드는 어려운 작업이다. 그런데 쉽게 이루는 방법은 무엇일까? 바로 작게 시작하는 것이다.

산속에 사는 사람은 눈이 오면 길을 내야 한다. 처음 걸어가는 사람은 눈을 헤치고 발이 빠지고 넘어지면서 힘들게 길을 낸다. 그 다음 사람은 첫 사람의 발자국을 따라가니 좀 덜 힘들다. 그 다음 사람부터는 점점 더 쉬워지며 길이 만들어지고, 마침내 큰 길이 열리게 된다. 외국어 말문을 틔우는 것도 마찬가지다.

런던의 택시 운전사들의 뇌를 조사해보니 뇌의 한가운데 있는 해마가 일반인들에 비해 월등하게 발달되어 있었다. 복잡한 런던의 거리를 수십 년간 골목골목 가로질러 다니다 보니 해마가 발달하게 된 것이다.

길은 걷고 걸어야 만들어진다. 천릿길도 한걸음부터이다. 작은 한걸음이 중요하다. 작게 시작하면 된다. 외국어도 이렇게 시작해야 한다.

'2분 규칙'을 활용해 볼 수 있다.

조깅하러 나가야 하는데 귀찮다. 그러면 이렇게 말하라. "조깅하려는 게 아니야. 그냥 운동화 끈만 묶자"하고 끈 묶으러 현관으로 나가면 된다. "오늘은 한 페이지만 읽자, 그리고 마음껏 쉬자" 이렇게 말하고 책을 펴기만 하면 된다. "오늘 몸이 피곤해서 쉬고 싶다. 대신 2분간만 읽고 쉬자"라며 책상에 앉기만 하면 된다. 2분간만 읽겠다고 했지만, 막상 앉으면 20분을 넘긴다. 처음부터 다섯 걸음을 걸으려 말고, 한 걸음만 가면 된다.

한글로영어는 처음 적은 분량으로 시작한다. 부담이 안 되는 적은 분량으로 해야 즐겁게 오래할 수 있다. 진도는 걱정마라. 처음 발음만 잘 잡으면 나중에는 가속도가 생겨 엄청 빨라지게 되는 것이다.

"절대 열심히 하지마라. 그저 작은 분량으로 꾸준히만 하자" 이 말은 한글로영어로 훈련하는 사람들에게 강조해서 하는 말이다. 외국어 학습은 단거리 경주가 아니라 장거리 마라톤이기 때문이다.

위의 그래프는 말 훈련할 때 생기는 성장곡선이다. 말하기 훈련은 복리로 성장한다. 마치 돈 모을 때 이자가 이자 붙어 복리

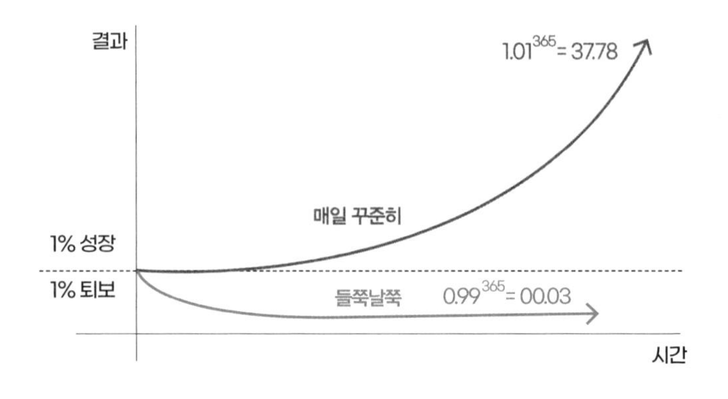

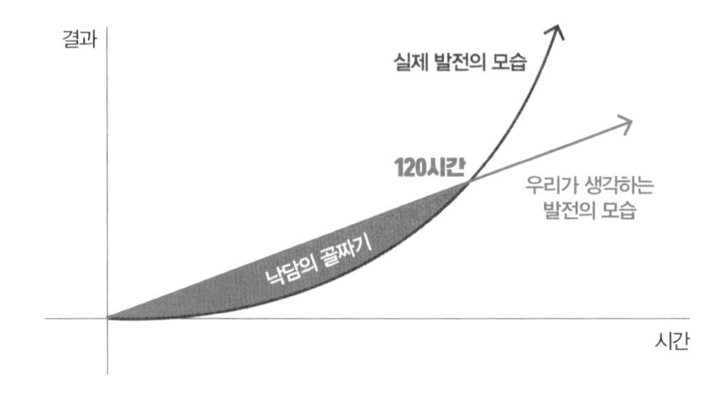

로 불어나는 것과 같다.

계산상 하루 1%씩만 하면 1년 후에는 현재보다 무려 37배로 성장하게 된다. 처음에는 1%씩… 눈에 표가 나지 않는다. 언제 이게 되려나? 낙심하기 쉽다. 그러나 속으로는 무럭무럭 자라고 있음을 잊지 말라. 마치 대나무가 성장하는 것과 같다. 대나무는 4년간 땅속에서 숨어 있다가 5년째부터 갑자기 하루

30cm씩 쑥쑥 자라난다. 외국어 말 훈련이 그렇다.

문제는 잠복기에 해당하는 낙담의 골짜기를 지나야 말문이 터진다는 점이다. 사람들은 훈련 시간만큼 결과가 나타날 것으로 기대한다. 그런데 처음에는 노력한 만큼 표가 나지 않아 "낙담의 골짜기Valley of disappointment"에 빠진다. "내가 이렇게 열심히 했는데 왜 말이 안 되지? 이 방법으로 계속해야 하나?" 낙심한다. 하지만 우리가 생각하는 발전의 모습과 실제 발전의 모습 간에 차이가 있어서 그렇다.

그러나 어느 순간 임계점을 넘기면 갑자기 말문이 터지게 된다. 이후부터는 무섭게 성장한다. 비 온 뒤 대나무 죽순처럼 눈에 띄게 자란다.

습관 곡선을 보면, 초기에는 힘이 들고 표가 안나지만, 낙담하지 않고 극복하면 점차 쉬워지다가, 마침내 습관한계선이 지나면서 습관화(자동)가 되는 것이다.

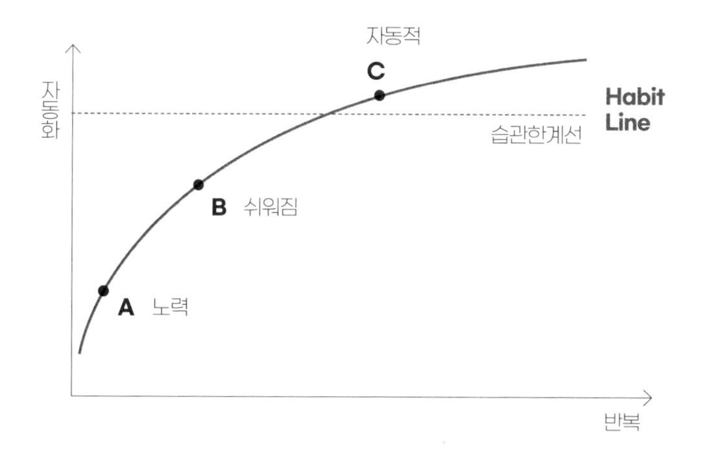

뇌과학자이자 『공부의 비결』의 저자인 세바스티안 라이트너 Sebastian Leitner도 역시 입으로 약 120시간 훈련했을 때, 습관이 잡히고 말문이 터지게 된다고 말했다.

한글로영어 훈련하는 분에게 늘 하는 말이 있다. “오늘만 하고, 내일 마음껏 놀자” “Just do it!”

둘째, 환경을 바꾸라.

50년 전 미국인들의 흡연율은 무려 40% 이상이었다. 그런데 지금은 거의 15%까지 낮아지게 되었다.

이렇게 성공하기까지 여러 방법을 시도했지만 여러 번 실패했다. 처음에는 담배는 암을 유발하는 원인이다, 건강을 위해 금연하자는 식으로 의지력에 호소를 해 봤다. 이렇게 열심히 교육을 하고 홍보도 열심히 해 봤지만 흡연율은 1%도 줄지 않고 그대로였다.

이제는 환경을 바꿨다. 담배 광고와 자판기 판매 금지, 법적으로 담배세와 가격을 대폭 올렸고, 무엇보다 빌딩 안을 금연구역으로 만들었다. 담배를 피우려면 추운 날씨에 외투를 주섬주섬 입고 건물 밖으로 나가 오돌 오돌 떨게 했다. 결국 이렇게 환경을 바꿈으로써 흡연율을 40%에서 15%까지 낮출 수 있었다.

결국 알게 된 것은 사람의 생각을 바꾸기보다 주변 환경을 바꾸는 게 낫다는 것이다.

한편으로는 "올해 영어를 뚫겠다"는 〈추진력〉이 움직이고, 다른 한편으로는 "아유 귀찮아. 그냥 편히 지내자"라는 〈억제력〉이 작동한다. 이 둘 사이에는 갈등이라는 〈마찰력〉이 있다.

가령, 수도꼭지를 열었더니 수돗물이 호스를 통해 힘차게 밀고 나간다. 그런데 호스 중간이 꺾여있다 하자. 물이 중간에서 막혀 압박이 심하다. 이때 얼른 접힌 물 호스를 펴주면 마찰을 줄이게 된다. 호스를 펴주는 작업이 바로 환경을 재구성하는 것이다. 길을 쉽게 만들어 주는 것이다.

우리의 생활에 이런 것들이 많다. 저축을 꼬박꼬박 잘 하려면, 은행 창구로 가지 말고 저축계좌에 자동이체를 하면 된다. 이젠 은행가지 않아도 되고, 저축을 할까 말까 고민하지 않아도 된다. 마찰력을 제거하면 길이 쉬워진다.

헬스장에 가서 러닝머신 위에서 벽만 보고 뛰면 너무 지겹다. 그래서 지겨움의 마찰력을 제거하기 위해 눈앞에 TV를 보면서 뛰도록 하는 것이다.

환경을 바꾸면 쉽게 할 수 있다. 어떤 사람은 "난 다이어트 할 거야, 퇴근 후 바로 체육관으로 가서 1시간씩 운동할 거야."라며, 일과표에 이렇게 퇴근과 체육관 가는 습관을 짝 짓는 것이다.

한글로영어 훈련도 이런 방법을 사용한다. 나의 일정표에서 어떤 시간에 외국어훈련을 할 것인가를 계획해야 한다. 일어나서 양치하고 바로 이어 한글로영어 20분간 읽기 연습을 한다거나, 아니면 퇴근 후 집에 와서 짐만 풀고 바로 할 수 있다.

우선 환경을 바꾸기 위해 나의 일정표에 '좋은 습관'과 '나쁜 습관'을 구별할 필요가 있다. 가령 금요일 저녁이면 친구들과 모여 늘 술자리에 갔다면, 이것을 '나쁜 습관'으로 구분하고 일정표에서 지울 필요가 있다. 시간표를 다시 정리하라. 대신 '좋은 습관'을 채우는 것이다. 한글로영어 읽기시간을 만들어 보라. 내 시간 환경을 바꿔야 한다.

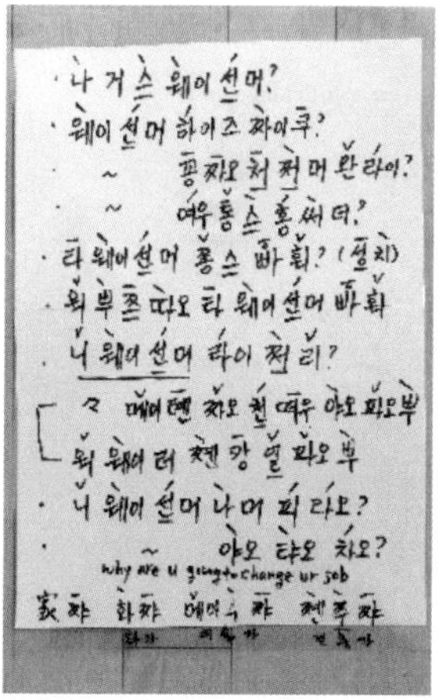

저희 집 거실 테이블 위는 항상 지저분하다. 항상 외국어와 한글로영어 교재가 펼쳐져 있다. 언제든지 펼쳐 들고 바로 시작하는 환경을 만들어 놓은 것이다. 교재를 책꽂이에 두고 꺼내는 것조차도 〈마찰력〉이라 줄이려 하는 것이다.

화장실 변기 앞에는 화이트보

드에 중국어와 러시아어 문장을 써 놓았다. 짧은 시간이지만 몇 문장을 입에 붙일 수 있게 했다. 마음을 다스리기보다 내 공간 환경을 바꿔 놓는 것이 낫다. 사람의 의지력은 생각보다 약해서 그렇다.

뷔페식당에서 뚱보는 음식 가까운 곳에 앉고, 날씬이는 먼 자리를 잡는다. 그래서 "대식가와 함께 먹지 말라. 나도 많이 먹게 된다."란 말이 있다. 습관은 모방을 통해서 배우는 것이다. 주변에 한글로영어 공부하는 사람들로 둘러쌓이게 하면 좋다.

이런 말이 있다. "백만장자 친구를 5명 두면 당신이 6번째 백만장자가 되고, 빈털터리 친구를 5명 두면 당신이 6번째 빈털터리가 된다." 우스운 말이지만 공감이 가는 말이다. 이번 기회에 영어 말문트기를 하려면, 곁에 영어 공부하려는 사람 5명만 만들어 보자. 주변 환경을 바꾸는 것이 이렇게 중요하다는 뜻이다.

셋째, 재미있게 하라.

국민의 건강을 위해 지하철 에스컬레이터 대신 계단 걷기 운동을 실시했다. 하지만 시민에게 아무리 홍보해도 계단을 걷는 사람이 적었다. 그래서 시에서 아이디어를 내길 계단에 피아노 건반을 만들고 밟으면 피아노 소리가 나는 재미난 장치를 만들었다. 놀라운 일이 일어났다. 대부분의 사람들이 이 피아노 소리를 들으려고 계단을 걷기 시작했다. 재미가 있으면 힘들어도 사람을 움직이게 한다.

아프리카 어느 지역에서는 거리가 너무 지저분해 한 아이디어를 냈다. 쓰레기통에 쓰레기를 넣을 때마다 '퐁당'하는 소리가 나게 했다. 이때부터 갑자기 동네가 깨끗해지기 시작했다. '퐁당' 소리를 들으려고 아이들이 다니며 온 동네 쓰레기를 모조리 주워 넣었던 것이다.

한글로영어로 학생들을 가르칠 때 책상위에 재미나게 생긴 '벌금통'을 만들어 두었다. 매일 단어장 쓰기를 하는데 항상 어제보다 열 개 이상 더 맞춰야 한다. 못 맞추면 벌금을 내게 했다. 부담 없는 벌금이라 틀려도 재미있었다. 한 달에 한번 이 벌금으로 피자 파티를 했다. 아프리카 난민아이들에게 후원금을 보내기도 했다. 효과가 좋았다.

성인들을 위해 더 발전시킨 것이 〈단체카톡 훈련방〉이다.

방법은 먼저 한글로영어 교재를 가진 사람 약 10명 정도가 모여 카톡방을 개설한다. 그리고 매달 몇 만원 보증금을 관리자에게 맡기고, 한번 녹음을 안 하면 벌금으로 보증금에서 빼는 제도이다. 매일 오전과 오후 하루에 두 번, 교재를 읽고 녹음해서 단체카톡방에 올려야 한다. 만약 한 번이라도 빠지면 보증금에서 얼마씩 삭감된다. 남들은 "카톡 카톡" 녹음해 열심히 올린다. 괜히 나만 뒤쳐질까봐 살짝 압박을 받는다. 모여진 벌금으로 한 달에 한 번씩 모여 회식을 하며 정보를 나눈다. 다음 달에 벌금으

로 빠진 금액을 채워 넣고 다시 진행한다. 이렇게 3개월 하고 나면 습관이 잡혀서 말문이 트이는 것이다.

재미있어 효과가 대단하다. 지금 한글로영어 카톡방은 전국 곳곳으로 빠르게 확산되고 있다.

내 주변 사람들을 내가 모아 운영할 수도 있다. 더 놀라운 것은 이렇게 해서 부업 삼아 소소히 돈까지 버는 사람이 많다.

먼저 SNS에 나와 연결된 모든 친구들에게 "내가 오늘부터 한글로 영어와 중국어를 이렇게 시작합니다."라 공개적으로 밝히는 것이다. 카톡, 유튜브, 네이버카페, 밴드, 구글, 인스타그램, 페이스북… 나와 연결된 사람은 생각보다 많다. 찾아가지 않아도 된다. 우리 집에서도 세상 어느 나라 사람이든 만날 수 있다. SNS로 바이러스같이 퍼지게 된다. 이 시대는 인맥이 바로 재산이다.

첫 녹음, 버벅 대는 발음, 부끄럽겠지만 꼭 첫 번째 녹음부터 SNS에 올려라. 그리고 처음의 내 모습을 절대 휴지통에 버리지 마라. 왜냐하면 한 달 후면 내 모습이 너무 크게 바뀌기 때문이다. 이 첫 녹음이 평생 한번인 '천년기념물'이 될 것이다. 이걸 버리면 나중 크게 후회하게 된다.

친구들이 볼까 부끄러워 할 것도 없다. 그들은 이런 시도조차 못 하고 있지 않은가. 그리고 매일 올려라. 한 달쯤 지나고 나면 모든 사람들이 나를 보고 놀란다. 먼저 나의 꾸준함에 놀라고, 다음으로 변화되어 가는 내 모습에 내심 놀라게 된다. 두 달쯤 되면 분명 연락이 온다. “대체 한글로영어라는 게 뭐야? 나도 할 수 있겠어?” “해봐, 나도 했는데~”

그렇게 카톡방 관리자가 되어 친구들을 관리하다 보면 한글로영어 사업자로 발전할 수 있다.

집에서 아이 키우는 엄마들, 일자리 찾는 청년들, 퇴직 후 일자리를 찾는 분들, 영어에 평생 한이 맺힌 사람… 자본금 시설금 없어도 되고, 돈 벌면서 내 외국어 실력 키우는 멋진 방법이다. 이렇게 재미로 하면 뇌에서 신경전달 물질 ‘도파민’이 나오고, 삶에 강력한 엔진을 장착하게 된다.

습관을 만드는데 재미뿐만 아니라 보상이 있을 때 더욱 ‘강화’가 된다.

훈련하는 자신을 위해서 〈유럽 여행통장〉을 개설해 보라. 자신을 위해 유럽 여행 가기 위해 매달 돈을 모으는 것이다. 익힌 외국어를 유럽에 가서 마음껏 써먹는 것이다. 외국어 말만 뚫어 놓으면 분명 기회가 온다. 유럽 여행~ 생각만 해도 즐겁다. 즐거운 상상만 해도 도파민이 분비되고 행동은 습관화된다.

아르헨티나에 탱고의 구루가 있었는데, 사람들이 “어찌해야 탱고를 잘할 수 있습니까?” 물으니, “모든 움직임을 일일이 외워서 배울 수 없다. 소리에 몸을 맡기라. 탱고를 즐겨라. 그것이 답이다."라 했다. 외국어는 공부로 하면 습관이 안 된다. 그냥 입으로 해야 습관이 된다. 즐겨야 습관이 된다. Just do itwith your mouth!

말문트기 다음 단계, 토론debate도 가능하다

우리 학생들의 로망은 SKY(서울대, 고려대, 연세대)를 거쳐 국내 대기업에 들어가는 것이다. 왜 목숨 걸다시피 그곳에 들어가려 하는 걸까?

가령 이름 없는 지방대학 출신이 실력으로 대기업에 들어갔다 치더라도 그곳에서 견뎌내기 어렵다고 한다. 능력이 없어서가 아니라, 관이나 거래처 어디를 가 봐도 선후배 인맥이 없으면 일 성사가 안 된다. "선배님, 이번에는 꼭 좀 밀어주시죠. 다음엔 제가 은혜 갚겠습니다." 이러니 지방대 출신자는 실력이 있어도 무능력자가 되고 만다. 그래서 우리 사회는 에프엠코스를 원한다.

하지만 이제 시대가 바뀌어 가고 있다. '김영란법'도 실시되고, 과거 봐주기 식이 이제는 통하지 않는다. 학연 지연 혈연 방지를 위해 이력서 스크린법이 작동된 지 오래다.

대기업이 국내시장만 가지고는 살아남을 수 없다. 무엇보다 한국의 시장이 점점 해외로 나가고 있다. 한국의 5대 핵심 산업인 반도체 스마트폰 자동차 철강 석유화학 중 스마트폰에 이어 자동차까지 해외 생산량이 국내 생산량을 역전했다. 내수 시장의 한계, 원가절감과 해외시장 확장으로 어쩔 수 없이 해외로 속속 빠져나간 것이다.

그런데 해외에 나가면 국내의 정서와는 판이하다. 우선 외국 사람은 학력을 크게 보지 않는다. "서울대 나왔다" 해봐야 서울대가 어떤 대학인지 모른다. 또 물어보지도 않는다. 학력보다 그 사람의 실력과 인격 됨됨이를 우선으로 본다.

그냥 당신이 이 시대에 대기업의 총수라 생각해보라. 신입사원 면접을 본다고 하자. 최종 두 사람 중 한 명을 뽑아야 한다. 하나는 서울대 졸업과 토익 950점인데 하지만 영어 말을잘 못한다. 다른 하나는 고졸 출신이지만 영어와 중국어를 원어민처럼 잘한다. 회사가 해외로 진출해야 하는데 우리 회사가 누구를 더 필요로 하겠나? 누구를 뽑을 것 같은가? 이제는 시대가 바뀌었고 시장도 변해가고 있다.

기사를 그대로 소개해 본다.

2014년 4월 13일 삼성 고시라 일컫는 삼성그룹의 상반기 대졸

신입사원 공개 채용을 위해 삼성직무적성검사(SSAT)가 치려 졌다. 10만여 명이 응시했는데 영어능력평가에서 기존 시험에서 벗어나 실용영어 중심의 평가방식으로 바꿨다. 직장에 들어가는데 영어가 필수가 되었기에 취업준비생들은 매년 토익(TOEIC), 토플(TOEFL)을 위해 한바탕 전쟁을 치룬다. 하지만 기업체 입장에서는 영어 잘하는 신입사원 뽑기가 하늘에 별 따기 란다. 토익에 만점을 받았다 할지라도 정작 원어민 앞에 서면 말 한마디 제대로 못 해 쩔쩔매는 경우가 허다하다. 이것이 우리나라 학교교육의 고질적인 문제이다. 최근 대부분의 기업체 면접에서 보면 학교식 평가방식에서 전환한 '실용 영어' 능력으로 평가한다. 취업 평가 시험에서 영어 4대 영역 중에 말하기평가 중심으로 한다는 말이다.

그래서 삼성은 토익TOEIC, 토플TOEFL 시험 대신에 미국에서 개발한 외국어평가의 세계적 기준인 오픽OPIc시험을 사들였다. 이 시험은 전적 말 중심 테스트이다. 산업 현장에서 학교 문법식 실력보다 실제 외국인을 만나 소통하는 능력이 더 중요했기 때문이다. 테스트할 언어를 한국어, 영어, 중국어, 일본어, 스페인어, 러시아어를 개발했고, 2018년 베트남어까지 개발했다. 삼성을 따라 대부분 국내기업체, 전국의 대학교, 공공기관도 오픽을 인력채용 평가시험으로 받아들였다.

한번은 오픽 담당자가 한글로영어에 와서 교재를 보고 두 가지에 깜짝 놀랐다. 우선은 대단히 쉽고 효과적으로 훈련할 수 있는 교재를 만들었기 때문이었다. 두 번째는 한글로영어에서 개발한 언어가 오픽에서 개발한 7개의 언어(한국어, 영어, 중국어, 일본어, 러시아어, 스페인어, 베트남어)와 똑같이 되어있다는 점이었다.

한글로영어로 120시간 말 훈련을 하면, 오픽테스트 9단계 중 최소 4단계인 중하단계(Intermediate Low-제한적 의사소통, 단순한 개인적 표현 가능 수준)는 가능하다. 우리 목표는 5단계인 중중단계(Intermediate Mid)까지이다. 국내 어떤 학습법 중 이만큼의 놀라운 결과를 단기간에 낼 수 있는 것은 없다.

말이 되면 최종적으로 토론 수업을 할 수 있다.

토론debate이란 자기생각을 타인에게 납득이 가도록 설득하는 과정이다. 토론은 자기생각을 일방적이지 않고 논리적으로 설득하는 것이다. 남을 설득하기 위해서 문장의 어법과 발음 하나까지 정확해야 하기에 토론이란 영어학습의 거의 마지막 단계라 할 수 있다.

서점에 가보면 수많은 토론영어 책들이 나와 있다. 아마 대부분의 독자는 책을 펼쳐보는 순간 낙심이 되어 책을 그냥 덮어버릴지도 모른다. 아직 쉬운 말도 못하고 버벅 대는데 어느 세월에 미국 대선주자들처럼 수준급 영어를 구사할 수 있다는 말인가?

하지만 낙심하지 마라. 천릿길도 한 걸음부터다. 한글로영어가 가장 쉽고 빠른 지름길이다. 처음부터 토론이 되는 것은 아니다. 토론을 위해서 가장 기본적인 대화체 문장으로 앞 사람과 마주 앉아 서로 말해 보는 연습을 하고, 대중 앞에서 발표하는 연습도 해야 한다. 이것이 프레젠테이션의 출발이다. 한글로영어로 공부하는 아이들은 이 과정을 거친다. 이것이 되면 토론의 주제 중 주요 문장key sentence을 암기 발표하고, 점점 수준이 올라가면 스스로 생각을 발표하는 훈련도 할 수 있게 된다.

제임스 클리어James Clear박사의 『아주 작은 습관의 힘』이란 책에서 "습관이 자동화된 후 어느 순간 무뎌지기 시작한다. 아무 생각 없이 반복하는 상태에 빠지게 된다. 그 수행 능력이 조금씩 떨어질 수 있다. 이때 한 단계 뛰어넘는 숙련자의 능력을 갖추고 싶다면 자동 습관에서 의도적 연습을 더 해야 한다. 그러면 더 숙달된 다음 단계로 나가게 된다. 아마추어에서 프로로 진입하는 것처럼 다음 단계에 또 다른 세계가 있음을 알게 된다."라 했다. 마치 외과 의사는 먼저 수없이 외과적 절개법을 연습하고 또 연습해서 눈을 감고도 그 일을 할 수 있는 전문의가 되는 것처럼 말이다.

한글로영어로 말문이 트이면 얼마든지 그 다음 단계로 도전이 가능하다. 일상적 대화수준에서 전문 통역사 과정으로 나아갈 수 있다.

저희 딸 시인이가 의료통역사 시험을 준비할 때에 외국어로 의학적 전문용어와 질병에 대한 지식, 병원시스템과 의료법 등 다양하게 공부하는 것을 보았다. 통역사는 아마추어 단계 이후의 프로페셔널 단계이다. 새로운 단계로 오르기 위해 자동 습관에서 의도적 연습을 계속해야 한다. 이렇게 전문가의 과정은 계단식으로 점층적 발전하게 된다.

많은 엄마가 묻기를 "얼마나 해야 영어가 돼요?" 사실 이처럼 황당하고 잘못된 질문은 없다. 언어의 세계는 끝이 없기 때문이다. 진짜 전문가는 늘 자신의 실력이 부족하다 깨닫는 사람이다.

모든 외국어의 기본은 말문트기이다. 기초가 튼튼해야 1층 2층, 고층으로 올라갈 수 있다. 천리 길도 한 걸음부터이다.

하루에 두 문장만 외워도 두 달이면 100~120문장이 되는

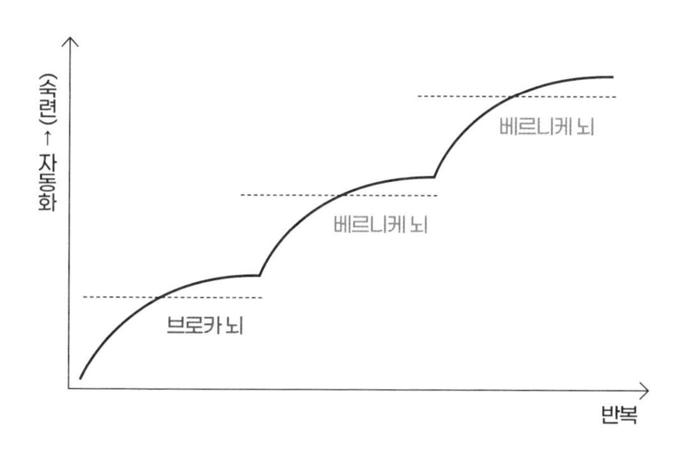

데 이쯤 되면 자신감이 생긴다. 꼭 기억해야 할 점은 새로운 문장을 암기할 때마다 앞에 외웠던 문장 10개씩을 차례대로 복습하는 게 중요하다. 학생이 1년간 700문장만 암기한다면 토론debate하는 데 별 어려움이 없다. 티끌 모아 태산이다. 작게 꾸준히 하는 것이 답이다.

영어 학습에 토론debate만큼이나 중요한 것이 '에세이 쓰기essay writing'다. 이 두 가지는 영어 학습의 꽃과 같다. 이 둘을 따로따로 하는 것이 아니라 함께 익혀야 놀라운 효과를 얻게 된다. 해외 대학 입학사정관들에 의하면, 한국 학생들은 매우 우수한데 자신의 장점을 표현하는 말하기와 글쓰기 능력이 부족하다고 말한다. 머릿속에만 담아두고 밖으로 말하는 것은 안 해봐서 그러하다. 입으로 말하기 훈련을 해야 한다.

"내 내 내, 니 니 니"

"내 입으로 내가 말하면 내가 잘하고, 니 입으로 니가 말하면 니가 잘한다." 선생의 강의를 열심히 들어봐야 선생만 잘 할 뿐이다. 강의 들어서는 말 한마디 못한다. 내 입으로 말해봐야 내가 말이 되는 것이다.

한국의 초등학교 3~6학년 영어 교과서를 보라. 미국 유치원 아이들 수준에 불과하다. 유치원 수준의 영어를 언어학습의 기적의 시기, 초등학교 4년간을 유치원 수준 영어로 허비하고 있으니 기가 막힐 노릇이다.

한글로영어를 하면 초등학교 4년간 배울 영어를 한두 달 만에 끝낸다. 이 시기에는 한글로 영어뿐만 아니라 중국어, 일본어, 러시아어, 스페인어… 외국어 2~3개씩을 구사할 수 있어야 한다.

아래는 한국의 초등학교 6학년 교과서 문장이다.

I get up at six thirty every day.

I go to school at 8.

I go back home at three. I do my home work.

I watch TV after dinner. I go to bed at 9:30.

이에 비해, 아래 문장은 미국 초등학교 6학년 교과서이다.

"An ecosystem is a self-contained community of plants and animals that share a particular environment. An ecosystem includes not only the habitat and the community, but also the non-living, or abiotic components."

한국 초등학교 6학년이면 한국어로 '생태계' '환경' '서식지' '무생물'이 무슨 뜻인지 다 안다. 마찬가지로 미국 아이도 새 영어

단어들을 몇 번 읽으면 뜻을 다 안다. 말이 되고 개념이 잡히니 새 단어만 익히면 된다. 우리는 말도 안 배운 상태에서 글부터 익히려니 어려운 공부가 되는 것이다.

위의 미국 6학년 교과서가 한국의 고등학교 3학년~대학교 1학년 수준의 영어다. 걱정이 되는가? 하지만 한글로영어로 3년만 훈련하면 미국 아이의 70~80% 수준에 도달하게 된다.

가히 영어 학습의 혁명이 아닌가! 미국에 가지 않고, 원어민 환경을 억지로 만들지 않아도 영어실력을 빠르게 늘릴 수 있는 방법이다. 한글로영어가 답이다.

〈한·영·중 Bible Championship 대회〉 사람을 찾습니다

2020년 올해 초 한글로영어 전국 초등학교 1년부터 중학교 3학년 대상으로 3개국어 말하기 대회를 개최하게 되었다. 행사명은 〈제1차 한.영.중 Bible Championship 대회〉이다. 반드시 암송할 성경 100구절을 한국어, 영어, 중국어로 암송하는 것이다. 상금을 크게 걸었다. 모든 외국어 발음을 한글로 표기하여 전자북과 사운드펜으로 만들었다. 사운드펜이 없다면, 홈페이지에서 무료로 MP3 음원을 다운받아 스마트폰으로 훈련하면 된다.

3개국어로 된 100구절을 암송하면 어떤 일이 벌어질까? 그 어려운 성경구절을 다 외워버린 아이들은 어느 교재든 어느 문장이든 너무 쉬워져 버린다. 이렇게 하면 언어학습에 기적의 시기 초1부터 늦어도 중3 학생들까지, 1년 만에 영어와 중국어 두 개 언어를 뚫을 수 있다.

교재를 받고 3개월만에 벌써 다 암송했다는 소식이 전국 곳곳에서 올라온다. 좔~말하는 아이들의 훈련 영상이 한글로영어 네이버카페에 매일같이 올라오고 있다. 대부분 부모는 자녀가 이렇게 영어와 중국어를 암송하는 것을 보고 우리 집에 '천재'가 났다고 착각한다. 사실 모든 아이는 '천재'가 맞다. 그동안 잘못된 학습법으로 '바보'로 키웠을 뿐이다. 이 대회를 통해 한글로영어가 모든 아이들을 '천재'로 키워내려는 것이다.

어느 정도 성적에다 3개국어 말이 되면, 저희 자녀처럼 세계적 명문대학에 장학금 받고 가는 길이 있다. 한글로영어가 안내하고 도울 것이다. 미국 아이비리그 대학들, 중국의 최고 대학들, 그리고 영국 대학들, 인도 델리대 등 유수한 대학에 입학이 가능하다.

한글로영어는 이런 길을 알고, 학생들의 외국어 능력을 키울 도구가 준비되어 있다. 그래서 전국에 숨어있는 인재를 발굴 양성하기 위해 〈한·영·중 Bible Championship 대회〉를 개최하게 된 것이다. 어릴 때 저희 자녀들처럼 큰 돈 안들이고 시골구석에서 자라도 도전하면 세계의 중심이 될 수 있다. 외국어 몇 개 말이 되면 얼마든지 개천에서 용 날 수 있다.

매 해 12월에 〈한·영·중 Bible Championship 대회〉가 진행될 것이다. 미리 교재를 구입해 준비하면 된다. 한글로영어 네이버 카페에 가입해 전국아이들과 함께 훈련해 나갈 수 있다. 종교를 초월해서 누구든 참가할 수 있다.

4차 산업시대 우리 자녀를 위해 더 이상 밑 빠진 독에 물 붓지 말고, 우물 밖으로 나와 넓은 세상을 볼 수 있어야 한다. 교육의 낙원 스위스, 금융 중심의 홍콩 싱가포르, 미래 교육의 대표 핀란드… 모두 3~4개국어를 구사한다. 방법은 눈으로 공부하지 않고 입으로 훈련하는 것이었다. 한글로영어가 도울 테니, 골든타임인 초등 중등시기를 절대 놓치지 말기를 바란다.

세상에 이보다 나은 학습법은 없다

최고의 학습을 찾기 위해 외국어 학습법이 어떻게 발전해 왔는지 알아도록 하자.

처음 외국어 교육은 17~19세기 서양에서 라틴어와 그리스어 학습으로 시작되었다. 당시에는 외국어를 배워도 다른 나라에 가서 써먹을 기회가 별로 없었다. 그래서 귀족이나 성직자 중심으로 라틴어와 그리스어를 익혔다. 이들에게 필요한 것은 설교를 위해 학문적으로 문법 번역식 학습법이었다. 성경을 분석하고 주해하기 위해서 단어 따로 문법 따로 익혔다. 지금 우리나라 수능같이 독해 능력을 평가하는 교육이었다.

세월이 지나 19세기에 와서는 영국 〈벌리츠 어학원〉을 중심으로 원어민 교수법이 성행했다. 이때 증기기관이 발명과 산업혁명으로 전 유럽 나라가 무역을 하다 보니 빨리 언어를 배워

나가야만 했다. 외국으로 나가기 전 직접 그 나라 원어민 교사를 불러와서 말을 배우는 방식이다. 최초 벌리츠 어학원은 전세계 체인망을 통해 확산되었다.

1885년 우리나라에도 최초 체인망 중 하나인 〈육영공원〉이 만들어졌다. 최초 원어민 교사로 헐버트 선교사가 들어왔다.

하지만 1920년대 세계 대공황으로 급격히 몰락하게 되었다. 원어민 교사에게 들어가는 숙박료, 식대, 교통비 등 부대비용이 너무 컸기 때문이었다. 한국의 육영공원도 설립 8년 만에 없어졌다.

1940년대에 새로이 등장한 것이 청화식 교수법이었다. "될 때까지 계속 듣고 따라 합시다"식의 공부법이다. 배경은 2차 대전 때 미국 중심의 연합군 간에 빠른 시간 내 의사소통을 하기 위해 나온 학습법이었다. 언어는 습관이라 무한반복으로 계속 따라하면 말이 입에 붙는다는 것을 알았다. 이때 개발된 교재가 『라도 잉글리시』와 『English 900』이었다.

교수법이 재미가 없다는 비판이 점점 나왔다. 사실 딱딱한 군대에서 했던 것을 어린 학생들에게 적용하니 오죽했겠나.

1970년대에 '어학 실습실', '랩 실'을 만들었고, 카세트테이프나 어학기를 만들어 개개인 학습을 하게 했다. 모양은 좋았지만 학습효과는 별로였다.

1980년대에 '체계적인 학습법'이 등장했다. 파닉스phonics학습법과 역할극role-play을 도입했다. 하지만 아이들은 지루해하고 싫어했다.

파닉스는 원래 말 잘하는 미국 아이들이 글자를 깨우치기 위해 나온 것이다. 이것을 우리나라 아이들이 훈련하니, "아 · 버 · 지 · 가 · 방 · 에 · 들 · 어 · 가 · 신 · 다"처럼 말이 딱딱해지고 우스꽝스럽게 되고 말았다. 말부터 배워야 하는 한국인이 파닉스부터 시작하면 말을 더 못하게 만드는 것이다. 처음 영어를 접하는 아이들에게 파닉스를 가르치는 것을 보면 참으로 안타까울 뿐이다.

1990년 이후부터 컴퓨터를 이용한 새로운 학습법들이 나오기 시작했다. 멀티미디어, 디바이스, 심지어 모바일까지 학습의 도구가 되었다. 영어단어는 스마트폰에서 찾아 발음을 들어보고, 온라인으로 어디서나 원격교육이 이루어진다. 집의 컴퓨터를 이용해서 '블렌디드 러닝blended learning'을 한다. 하지만 한계가 있었는데 기기가 발전했다고 저절로 말이 되는 것이 아니기 때문이었다.

그래서 중국의 리양이 크레이지 잉글리시Crazy English를 개발했다. "말 배우는데 큰소리로 해야지, 창피한 게 어디 있나! 문법 복잡하게 생각 마라. 그냥 미친 듯 소리 질러라"고 했다. 이것이 외국어학습역사를 약술한 것이다.

지나온 역사 속에 오래된 것은 다 나쁘고 새로운 것이라 다 좋은 것만은 아니다. 온고이지신溫故而知新! 옛것의 좋은 것은 골라 새 옷으로 갈아입히면 명품이 된다.

한글로영어는 지금까지 가장 쉽고 효과적으로 훈련할 수 있는 것이 한글과 사운드펜 임을 통한 학습법임을 알았다. 보통 유치원 교재에서는 고작 몇 백 개의 소리만 사운드펜에 넣어 사용하지만, 한글로영어는 무려 12만 6천 개의 소리를 넣었다. 사명감을 가지고 이 힘든 작업을 완성했다.

최근엔 '컴퓨터' 교육에서 '태블릿' '앱APP'으로 바뀌었다. 일반 영어사에서 학습태블릿을 개발해서 50~150만원 가격에 판매하고 있다. 한글로영어는 무료로 스마트폰에 다운받을 수 있도록 특허로 앱App을 개발했다. 끊어 말하기, 무한 반복하기, 되돌리기, 무음 처리 등 학습을 위한 모든 기능을 넣었다.

필자는 최고의 외국어 학습 방법을 찾고자 지난 20년간 국내외 수많은 책들을 읽어 보았고, 교육학적 방법들을 실험도 해봤다. 최종적으로 내린 결론은 한글이 과연 세계 최고로 우수한 글자이며, 특히 외국어학습을 할 때 한글을 사용하면 상상하기조차 어려울 정도로 놀라운 효과를 얻게 된다는 것을 체험적으로 알게 되었다.

한글로영어 원리와 비슷한 것으로 미국 핌슬러 박사Dr. Pimsleur의

학습법이 있다. 하루에 30분씩 10일이면 외국어 하나를 뚫는 가장 쉽고 빠르게 익히는 학습법으로, 16개국어로 개발되어 있다. 옛날 아인슈타인도 영어를 시작할 때 이런 식으로 했다고 한다. 하지만 한글로영어에 비해 훨씬 수준이 낮다. 그저 호텔에 예약하고, 음식 주문하고, 현지에서 길 묻고, 혼자 여행할 수 있을 생활언어이다.

핌슬러 박사에 의하면 글이나 문법으로 하지 말고, 어린아이가 말 배우듯 소리의 원리로 해야 가장 쉽고 빨리 배울 수 있다고 한다. 언어학습을 할 때 기존의 문법 공부, 동사 활용법, 사전 찾기, 교과서 중심, 숙제하기, 시험 보기, 진도 위주 학습, 컴퓨터 훈련, 단어 암기법 등 모두 다 잘못이라 말한다. 힘들이는 노력에 비해 얻는 것이 없다고 한다.

핌슬러 학습의 핵심은 망각곡선과 반복원리, 이미지 활용, 소리로 듣고 말하기 훈련으로 한글로영어와 거의 흡사하다. 하지만 큰 차이 하나는 발음기호 한글 표기가 없다. 그저 소리만 듣고 따라 할 뿐이다. 한글이 없으면 정확히 그리고 자신 있게 말할 수 없다. 한글로영어 학습법과 학습도구, 이보다 더 나은 학습은 없다. 자신있게 말한다.

이제 공을 여러분에게 넘기겠다. 입으로 훈련하는 것은 여러분의 몫이다. 부디 꿈을 이루시길~

외국어 학습에 왕도가 없다!?

살아오면서 참으로 이 말을 많이 들었다. 정말 길이 없을까?

있었다. 바로 세종대왕이 뚫어 놓으신 왕도, 한글이었다.

한글로영어 질문과 답변

01. 「한글로영어」 소개해 주세요.

말 그대로 한글로 영어 발음을 표기해서 입으로 배우는 영어입니다. 우리나라는 처음부터 문법 위주의 영어, 해석해서 문법 풀고, 시험 보고, 듣고 시험만 보는 위주의 영어 공부만 해 왔습니다. 입만 빼고 다 해왔지요. 그러나 막상 말을 배우려면 자신감 상실로 머릿속으로 우물거립니다. 그런데 영어 발음을 한글로 표기해서 큰소리로 반복해서 읽으면 영어가 입에 붙고 나중에는 저절로 입에서 튀어나오게 되는 영어입니다. 한글로 표기할 수 없는 R, F, V, Th는 특수기호로 구별하여 표기하고, 또 영어 연음까지 완벽하게 표기해서 입으로 말하는 학습법입니다. 따라서 말이 되면 듣기가 잘되고, 문법이 잘되고 읽는 즉시 해석이 되는 학습입니다.

02. 말이 어느 정도 되나요?

연습하는 만큼 됩니다. 지금까지 외국어 공부는 해도 해도 안 되었습니다. 입 꾹 닫고 눈과 귀로만 돈과 시간과 정성을 그렇게 들이면서 말 안 되는 문법만 가르쳐왔기 때문입니다. 시험만 잘 보면 영어 잘한다는 고정관념에 빠져있었기 때문입니다. 아이들의 경우, 부모님이 외국어를 잘하거나 어릴 적부터 미국, 영국에 유학 보낼 만큼 돈이 많아야 겨우 영어가 되었습니다. (그러나 소중한 유년시절 중 가족과의 시간과 한국어를 잃게 되죠..) 해외 유학을 간다고 해도 귀는 좀 뚫려도 입은 안 트이고, 지금까지 해왔던 문법 시험공부 위주의 교육방식에서 벗어나질 못하죠.

그러나 '한글로영어'를 통해 비싼 과외, 비싼 유학 없이도 한국에서 누구나 열심히 입으로 훈련하는 만큼 외국어를 잘 말할 수 있게 됩니다. 한글로영어의 교재 안에는 미국 현지 가정에서 쓰이는 생활영어, 토익부터 아카데미식 토플 영어, 전문영어를 다 아우릅니다.

중국어도 마찬가지입니다. 중국의 표준어인 북경어를 마치 중국 현지인처럼 구사할 수 있습니다. 교재를 통해 입으로 훈련한 만큼 다채롭고 깊고 수준 있는 외국어를 구사할 수 있게 됩니다.

03. 3개월이 지나면 말문이 트인다고 했는데 그건 어떤 상태인가요?

120시간의 기적이라는 말이 있어요. 어떤 언어학자가 연구한 것에 따르면.. 어느 한 외국어의 말문이 트이기까지 외국어 두뇌를 만들기까지 총 120시간의 훈련이 필요하다고 했거든요. 120시간을 하루에 1시간으로 쪼갠다면 3~4개월 정도의 기간이 나오네요. 30분이라면 6개월 이상이겠죠? 이렇게 꾸준히 매일 1시간 혹은 30분을 훈련한다면 말문이 터진다는 건데.. 그래서 3개월, 말문이란 표현은 개개인의 훈련량에 따라 달라질 수 있겠네요.

제가 직접 경험한 바로는(한글로영어 제1호, 3개국어 능통자, 의료통역사) 말문이 터진다는 것은 어느 상황에 부닥쳤을 때 바로 튀어나와야 하는 문장이 내 머리를 거치지 않고 한국인이 한국어 하듯 자연스레 나오는 것을 말합니다. 한글로영어 학습법으로 그게 가능하다는 겁니다.

사실상 어느 언어든 3개월 안에 끝날 수 없습니다. 외국어에 마스터라는 것은 없습니다. 평생 훈련해야 하는 것이 외국어랍니다. 기존 문법, 시험 위주의 공부 방식으로 수십 년을 해도 직접 입 밖으로 소리 내 훈련하는 한글로의 방법, 그리고 그 효과와 성공사례에 비교할 수 없을 겁니다.

04. 한글로영어로 읽다가 외국어를 보면서 읽는 것이 괜찮나요?

넵 그럼요, 사실 그게 목적이에요. 한글 표기는 그저 하나의 수단일 뿐입니다. 성인들은 눈이 영어 문자로 가기 마련입니다. 그러면 내 식으로 읽게 되고, 눈으로만 구경하고, 입으로 소리를 내지 않습니다. 하지만 아이들은 한글로 눈이 가고 입이 열려 더 빨리 배웁니다.

말이 점점 익숙해진다 싶으면 한글을 가리고 외국어를 보면서 읽어보기 연습도 하고, 나중엔 외국어 써보기 연습도 합니다. 처음부터 쓰기 읽기 연습 들어가는 것보다 훨씬 수월하고 이해가 빠를 겁니다. 처음엔 한글을 보고 천천히 또박또박, 나중에 한글 안 보고도 말할 수 있다 싶으면 사운드펜으로 소리를 듣고 그 속도에 따라 한글 없이도 읽게 됩니다.

05. 해석이 되나요? 듣기는 되나요?

저절로 됩니다. 말하기 연습하면서 해석도 같이하기 때문에 말하면서 뜻이 떠오릅니다. 영어는 연음이 있고 구조가 전혀 다른 게 있어서(r, f, v, th) 듣기만으로는 말하기가 안 됩니다. 영어로 말하기를 훈련하면 듣기가 자연스럽게 됩니다. 한글로영어는 원어민 발음 그대로 표기하고, 연음처리를 완벽하게 해놓고, 한글에 없는 발음은 기호로 표기하였기에 한글 그대로 또박또박 읽으며 훈련하면 해석이 저절로 되고, 귀가 뚫리어 원어민 발음이 잘 들리게 됩니다. 내 입으로 말을 해야 귀에 소리가 들리는 것을 확인할 수 있습니다.

06. 한글로영어로 하니까 머릿속에 영어가 안 떠올라요.

말할 때 영어 문자가 머리에 떠오르면 절대로 안 됩니다. 사람을 만나 대화를 할 때 눈앞에 글자가 떠오르면 안 되지요. 학교에서 배운 영어는 머릿속에 문법적으로 정리해서 말을 하게 되니 상황은 저만치 뒤쳐지지요. 문자가 떠오르면 베르니케 뇌(글자 뇌, 시신경과 직통라인)가 작동합니다. 상황에 따라 소리가 떠올라야 합니다. 이때는 브로카 뇌(말하는 뇌, 청각과 직통라인)가 움직이는 것입니다. '그레잎쓰'를 말하면 '포도' 그림이 떠올라야지 문자 'grapes' 글자가 떠오르면 안 됩니다.

07. 교재는 어떤 것이 있나요?

한글로 교재는 영어, 중국어, 일본어, 러시아어, 스페인어까지 언어가 굉장히 다양하고 분량도 많습니다. 토익, 토플, 초중고급 단어, 파닉스, 문법, 패턴 전부 다 준비되어 있습니다. 또 원어민 소리가 들어 있는 사운드펜까지 있어 글자에 펜을 대면 내 마음껏 들을 수도 있습니다. 일반 외국어교재들은 외국어를 수학 공식마냥 공부해야 하는 것처럼 비본질인 내용을 늘어놓았지만, 한글로 교재는 본질에 충실했습니다. 정말로 말을 할 수 있는 교재로 준비했습니다.

우리나라는 영어로 말을 잘하기 위해서 보통 2억은 있어야 합니다. 그래서 경제력과 영어 능력은 비례합니다. 하지만 한글영어 교재세트로 학원에 다니지 않고 영어를 완벽하게 할 수 있고, 온 가족이 함께 학습할 수 있습니다. 교재세트 가격이 원어민 학원 한 달 수업료밖에 되지 않습니다. 비싼 돈을 들여 미국 가서 몇 년을 살아도 영어를 잘 못 하지만, 한글로영어 세트로 미국에 가지 않고도 온 가족이 함께 효과적으로 학습할 수 있습니다.

08. 수준이 어느 정도 되나요?

제일 많이 궁금해하는 질문입니다. 제가 한번 물어보겠습니다. 한국말 다들 잘하시지요? 혹시 집에서 초급 한국말만 쓰시나요? 아니면 고급 말만 쓰시나요? 모두 다 씁니다.

언어는 수준이 아닙니다. 상황입니다. 상황 속에서 초급, 중급, 고급 언어를 다 씁니다. 짧다고 초급이 아니고, 길다고 고급이 아닙니다. 굳이 수준을 말하자면 다른 영어의 고급이 한글로 교재에서는 초급이 됩니다. 한글로 교재 중 초급에 속하는 이솝우화는 고

1 영어 수준입니다. 까이유 시리즈는 모든 수준이 어우러져 있고, 미국 문화가 녹아 있으며, 일상생활 속에서 필수적으로 쓰이는 대사들입니다.

09. 영어와 중국어를 동시에 학습하면 충돌되지 않나요?

괜찮습니다. 머리가 더 좋아지고, 오히려 상승효과가 납니다. 요즈음 육아 TV 프로그램에 나오는 '사랑이'와 '나은이'는 여러 개 언어를 동시에 하는 외국인 엄마와 한국인 아빠를 통해 다국어를 함께 자연스럽게 익히면서 구사합니다. 언어는 따로따로 학습하는 것보다 함께 학습하는 것이 훨씬 좋습니다. 그리고 이제 필수적으로 다국어를 구사해야 대접받는 시대입니다. 중국, 미국, 일본, 러시아 등 빅4에 둘러쳐진 한국은 더더욱 다국어 교육이 절실히 필요한 나라입니다. 영어 구사는 기본이고, 중국어, 일본어는 경쟁력입니다.

10. 나같이 나이 많고 가방끈이 짧아도 영어가 됩니까?

네, 됩니다. 말하는 브로카뇌는 몇 가지 특징이 있습니다. IQ 30 이상이면 누구나 말할 수 있습니다. 뜻을 정확하게 알고 내 입으로 연습만 하면 됩니다. 단지 한글을 읽고 정확히 소리 낼 줄만 알면 됩니다. 그래서 나이가 들어도 됩니다.

언어심리학에서 뇌는 사용할수록 더 발달된다는 것이 밝혀졌습니다. '내가 늙은이인데 외국어가 잘 안될 거야'라는 편견만 버리면 누구나 외국어를 잘 할 수 있습니다.

외국어를 배우기에 늦은 나이는 없습니다. 외국어는 돈이 많아서 되는 게 아니고 머리가 좋아서 잘하는 게 아닙니다. 입으로 열심히 훈련해야 잘할 수 있습니다. 눈으로 하면 절대로 외국어를 할 수 없습니다. 70대라도 입으로 열심히 훈련하면 브로카 뇌가 활발하게 개발되어 외국어를 잘하게 됩니다. 또 영어를 하면서 중국어를 동시에 학습하면 시너지 효과가 나서 더 잘되는 것이 사람의 뇌입니다.

11. 아이가 영어를 잘하는데 한글로영어가 필요합니까?

혹시 잘한다는 게 읽기를 잘 하는 것이 아닙니까? 시험성적으로 잘하는 게 아닌가요? 우리나라 영어 '읽기' 순위는 전 세계 35위로서 상위권입니다. 그러나 '말하기'는 소말리아 해적보다 못하는 121위입니다. 읽기는 후두엽의 베르니케 뇌가 움직이고, 말하기는 좌뇌 전두엽의 브로카 뇌가 움직입니다. 외국어 읽기를 잘한다고 외국어를 잘하는 것이 아닙니다. 아이들에게 외국어 문장을 눈으로 읽으라면 소리를 내든 내지 않든 잘 읽습니다. 그러나 책을 덮고 말하라고 하면 못합니다. 왜일까요? 입에 안 익어서 그렇니다. 문장 안 보고도 외국어를 가지고 놀 수 있는 게 진짜 영어를 잘하는 겁니다. 한글로영어는 외국어를 자유자재로 말할 수 있도록 학습 시켜 줍니다.

12. '한글로영어' 교재로만 해도 되나요?

네, 충분합니다. '한글로'는 피아노의 필수교재인 바이엘, 체르니, 소나타와 같이 훈련단계별로 기본교재들이 구성되어 있습니다. 교재 세트에는 12,000문장 정도가 포함되어 있어 영어 말하기 등 모든 외국어 학습에 충분합니다. 또한 중학교 8종 영어 교과서와 고등학교 8종 교과서에 나오는 단어도 모두 정리해놓았습니다. 문장과 단어가 이 정도면 토익, 토플 학습에도 충분합니다.

한글로영어 교재의 문장이 충분하고 원어민 발음 그대로 표기해 놓았기 때문에 소리를 내서 또박또박 반복해서 읽다 보면 외국어가 잘잘 나옵니다. 그저 꾸준히 입으로 읽기만 하십시오. 사운드펜으로도 함께 훈련할 수 있어 마치 외국 원어민 선생님으로부터 개인지도를 받는 것처럼 한글로 교재 하나로도 효과적인 훈련이 가능합니다.

13. 문법이 되나요?

네, 됩니다. 한글로영어 교재에는 문법도 다 들어있습니다. 입으로 훈련을 열심히 하면 문법은 자연스럽게 익히게 됩니다. 먼저 문법으로 배우려면 힘듭니다. 외국어를 공부로 시작하게 되면 하면 할수록 어렵습니다.

혹시 여러분은 한국말을 배우기 전에 문법을 먼저 배우고 말을 배웠나요? 아니면 말을 배우고 나중에 문법을 익혔나요? 언어는 우선 말을 먼저 배운 후, 글을 익히고, 문법을 배우는 것이 올바른 순서입니다. 말이 되면 문법은 저절로 익혀지게 됩니다.

14. 암기해야 하나요?

아닙니다. 머리로 암기하려 하지 말고 입으로 암송하십시오. 익숙해질 때까지 입으로 반복해서 읽기만 하면 됩니다. 잠꼬대로 나올 때까지 입이 기억하도록 말이죠. 이렇게 훈련을 해야, 훗날 외국어를 써먹어야 하는 상황에서 머리에서 문장이 나오는 게 아니라 입에서 저절로 툭툭 나오게 됩니다. 입을 열어서 소리를 내야 브로카(음성언어 뇌)가 작동합니다.

15. 언제부터 사운드펜으로 들어야 하나요?

입에 익으면 바로 들어도 됩니다. 들으면서 흉내도 내게 됩니다. 하지만 듣고 바로 따라 하려면 절대 못 따라 합니다.

모든 외국어는 말할 때 입 구조가 다 다릅니다. 미국식 영어는 연음도 심하고, 중국어는 한국말에는 없는 권설음이나 성조가 있습니다. 수십 번 들어도 따라 하는 건 불가능합니다. 그래서 말할 때의 구조가 가지각색인 외국어들을 배우기 전에 먼저 입의 구조를 잘 잡고 혀를 풀어주고 연습해서 입 근육을 강화해야 합니다. 한글을 믿고 또박또박 천천히 연습해주세요. 그렇게 입에 충분히 익혔다고 생각이 들면 실컷 들으면 됩니다. 뜻도 자연스럽게 이해가 될 겁니다.

외국어는 계속 듣고만 있어서 느는 것은 아닙니다. 그건 기존의 방식입니다. 이제 입으로 많이 읽으려고 노력하세요. '백문이 불여 일설' 입니다.

16. 나도 가르칠 수 있나요?

네, 가르칠 수 있습니다. 영문과를 나와도 미국에서 몇 년을 살아도 영어로 말하지 못하고 가르치지도 못합니다. 이게 우리나라 영어교육의 현실입니다.

그러나 한글로영어 교재로는 누구든지 가르칠 수 있습니다. 교재 자체가 선생님입니다. 선생님은 코치와 같은 역할을 합니다. 사실 혼자서 공부하기보다 남을 가르치다 보면 학습효과가 6배나 올라갑니다. 책임감 때문에 입에 익도록 미리 훈련하시겠죠?

또 학생과 1:1로 말을 할 때 학생은 한번 하지만, 교사는 학생마다 말해야 하기 때문에 안 익혀질 수가 없습니다. 그래서 한글로영어에서 최고의 수혜자는 교사입니다. 3주 집중훈련에 오세요. 실습하면서 모두 가르쳐 드립니다.

17. 333원칙으로만 훈련해야 하나요?

333(3개교재로/3페이지씩/3일 반복) 원칙이 꼭 필수는 아니지만, 나름 효과적인 방법입니다.

한 교재만 학습하면 지겹습니다. 3가지 교재로 훈련하면 다양한 장르를 체험할 수 있습니다. 처음에는 2개 교재로 해도 되고 3일이 짧은 것 같으면 일주일로 늘려도 됩니다. 처음 습관을 들이는 기간이 충분할수록 나중에 가속도가 납니다. 처음 발음 습관이 평생을 좌우합니다.

18. 학교 성적에 도움이 되나요?

네, 절대적으로 도움이 됩니다. 지금까지 돈 들이고 시간 들여서 아이들을 열심히 공부시켰지만, 학교 성적이 좋아졌나요? 아마 성적은 좋아졌을 수도 있습니다. 그러나 말하기는 제자리걸음일 겁니다. 한글로영어로 기본 3개월만 열심히 읽기를 시켜보세요. 아이가 영어를 곧잘 하게 됩니다. 성적도 자연스럽게 따라오게 되고요. 영어가 되면 다른 과목을 공부할 시간을 법니다.

반에서 공부 1등 하는 아이도 영어로 말을 못 하는데 반에서 꼴찌 아이가 원어민처럼 말을 하니 영어에 자신감이 생기고 다른 과목도 덩달아 잘하게 됩니다. 한글로영어를 한 아이 중에 ADHD(주의결핍장애)가 낫는 경우가 많이 있습니다. 왜 이런 장애가 일어날까요? 아무리 해도 이해가 안 돼 재미가 없는데 주변에서 계속 강요해서 생긴 게 아닐까요. 한글로영어로 재밌게 훈련하니 영어로 말할 수 있게 되고, 영어를 잘 할 수 있게 되니 성적이 오르고, 공부가 너무 재미있어져 이런 증상까지 낫게 되는 겁니다.

19. 학교 시험, 토익, 토플에 도움이 되나요?

시험에 무척 도움이 됩니다. 한글로영어 교재만으로 훈련했던 아이들이 혼자 스스로 토익 1달, 토플 2달 단기로 집중적으로 공부해서 각각 900점, 104점을 받아옵니다. 이는 보통 학원에서 6개월을 다녀도 상상하기 어려운 점수입니다.

한글로영어로 열심히 말하기를 훈련하면 다음의 것들은 저절로 따라옵니다. 제일 먼저 보는 효과는 듣기평가이고, 그다음은 문법이고 읽기와 해석은 거저먹기로 잘합니다. 사실 초반 시험 성적은 좀 아쉬울 수 있습니다. 외국어 시험을 공부해본 적이 한 번도 없으니까요. 마치 미국 현지인들도 따로 시험공부 안 하면 우리나라 영어 수능 쳐서 점수 30점 나오는 것처럼 말이죠. 한글로영어는 후에 빛을 발합니다. 조금만 공부해도 시험 성적은 바로 오릅니다. 오히려 문법이 더 재미있게 다가와 쉽게 터득됩니다. 잘못된 방법이면 돈과 시간을 아무리 들여도 효과가 없습니다. 방법이 옳으면 하는 만큼 잘할 수 있게 되어 학교 시험과 토익, 토플에 도움이 됩니다.

20. 파닉스를 안 하고 '한글로영어'를 해도 되나요?

파닉스가 무엇입니까? 파닉스는 이미 미국의 말 잘하는 아이들에게 초등학교 들어가기 전에 영어 글 읽기를 가르치기 위해 법칙을 만들어 놓은 것입니다. 하지만 영어 한마디 말도 못하는 우리나라 아이들이 말도 못하고 뜻도 모르는 채로 파닉스를 하면 시간 낭비이고, 아이들을 괴롭히는 것입니다.

아이들이 영어를 더듬더듬 읽을 줄 안다고 해서 절대 영어를 잘한다고 생각하지 마세요. 또 영어에는 연음이 있습니다. 파닉스로 또박또박 읽기를 하다 문장을 말하려면 또박이 영어가 되어 평생 말이 어눌해집니다. 한글로영어로 재미있는 이야기 속에서 문장을 많이 읽고 입이 자연스러워진 후에 파닉스를 해도 됩니다.

21. 중국어는 4성 성조가 있어 어렵지 않나요?

중국어 하나의 글자에도 굉장히 다양한 성조가 있고 여러 가지 뜻이 있는데 어느 세월에 그걸 하나하나 공부해서 배우겠습니까? 그런데 한글로중국어로 말부터 훈련한 학생들은 4성을 굉장히 자연스럽게 체득합니다. 한 문장을 50번 정도만 연습하다 보면 저절로 익혀집니다. 시실 중국 아이들도 성조가 뭔지 모르고 엄마 소리 따라 하다 저절로 되는 게 성조입니다. 한글로중국어는 모든 소리를 완벽하게 표현할 수 있는 한글로 중국어를 표기한 것입니다. 따라서 한글로중국어를 보고 그대로 소리 내어 읽기만 하면 유창한 중국어를 말하게 됩니다.

22. 진짜 외국어 성공비결은?

꾸준히 훈련하는 겁니다. 꾸준함이 답입니다. 한글로영어 원장인 저는 딸과 아들에게 성적을 한 번도 강요하지 않았습니다. 아이들이 성적을 잘 받아 좋은 대학에 입학하는 것보다 실질적으로 영어와 중국어를 잘 구사할 수 있도록 도와주는 것이 더 중요하다고 보았습니다. 저는 외국어 학원에 한 번도 보내지 않았습니다. 대신 집에서 매일 아침에 5번, 저녁에 5번 영어와 중국어를 큰소리로 읽도록 했습니다. 많은 시간을 들인 것도 아닙니다. 아침저녁 30~40분으로 충분합니다. 단지 꾸준히 해나갔을 뿐입니다. 읽기를 하지 않은 날은 학교를 안 보내고 저녁도 주지 않았습니다. 그러나 그날 읽기를 다 한 후에는 아이들에게 자유를 주었습니다. 이런 원칙을 지키며 꾸준히 훈련할 수 있게끔 도와준 것이 영어, 중국어를 잘하게 된 비결입니다.

결과로 둘 다 좋은 외국 대학에 장학금으로 진학했고, 외국 각지의 회사에서 좋은 조건으로 러브콜이 들어오고 최고 전문 의료통역사가 된 것입니다. 다른 아이들도 학교 스피킹 대회에서 1, 2등상을 받아오고 장학금을 받고 대학에 진학하고, 외고에 특기생으로 입학하고, 외국 기업에 취직하게 되는 정말 수많은 전국 성공 사례들을 만들어 냈습니다.

22. 이미 영어 문자에 익숙한 중고등 학생들은 어떻게 한글로영어를 시작해야 할까요?

한글로영어 교습소에서 지금 많은 중고생들을 가르치고 있어요. 딴엔 영어를 좀 한다고 하지만 말문이 안 트인 친구들이지요. 이미 문장을 이해하고 많은 단어를 아는 친구들도 처음엔 한글로 읽으면서 부담 없이 말문을 틀 수 있습니다. 이 친구들은 이미 문자를 다 알아서 입 훈련만 하면 속도가 빨라집니다. 단 성실히 아침저녁으로 꼭 5번 이상씩 읽는 숙제를 해야 합니다.

너무 쉬워하면 조금 분량을 늘려 계속 반복하게 해서 몇 번 진도 나가면 쉽다는 소리 안 합니다. "너희들이 모르는 문장 있니? 단어 있니? 해석 안 되니? 다 알지? 근데 이 상황이 되면 말이 안 나오지? 그래서 하는 거야. 때론 힘들지만 계속해서 쌓이면 너도 놀라는 결과가 나온단다." 동기부여 해줍니다.

대학 청년들도 합니다. 어른들도 합니다.

처음에는 뜻을 분명히 알고 난 후 영어와 소리를 서로 매칭하면서 천천히 읽으세요. 한글로영어 발음이 바로 원어민 소리니까 한글을 믿고 읽다 보면 나중에 저절로 눈이 영어로 갑니다. 영어가 입에 붙으면 아주 자연스럽게 영어 글을 읽게 되지요. 읽으면서 뜻도 아는 직독직해가 됩니다.

24. 무료 집중훈련은?

격주 토요일 오후 1시부터 3시까지 ZOOM으로 집중훈련을 합니다. 전국 심지어 해외에서도 화상으로 무료로 참석할 수 있습니다.

1670-1905로 미리 전화 접수하면 됩니다.

25. 3주 집중훈련에 참가하려면?

외국어를 가르친다는 것은 사실 말 잘하는 원어민도, 유학 갔다 온 사람도, 외국어를 전공한 사람도 막막합니다. 그래서 우리나라는 외국어를 뚫기 위해 무조건 비싼 돈 들이며 해외에 나가야 한다고 생각합니다. 그러나 한글로영어는 가르치기도, 배우기도 쉽고, 효과도 탁월합니다. 심지어 6개국어를 동시에 합니다. 이제 온 가족이 집에서 돈 안 들이고도 충분히 외국어를 배울 수 있습니다.

한글로영어 개발자 장춘화 원장이 외국어 가르치는 법을 실습으로 지도하고, 코칭선생님이 될 수 있도록 훈련하는 3주 과정 ZOOM 교사 교육이 있습니다.

또한 전국에 700여 곳 지사지부 네트워크가 있습니다. 집에서 스스로 교재로 훈련하시다가 자신이 훈련을 잘하고 있는지 확인이 필요할 때 가까운 지사에 찾아가서 상담을 받을 수도 있습니다.

한글로영어
맛보기

한글로영어 맛보기

① 우선 한글 발음 없이 영어 문장만 보고 읽어 보세요.
② 스마트폰으로 오른쪽 QR코드를 찍어 원어민 소리와 내 발음 간의 차이를 비교해 봅니다.

예시 1

야채를 다 안 먹으면 공원에 못 간다.

But you can't go to the park if you don't finish your vegetables.

버츄 캔트 고우루더 팔크 이뷰돈 삐니쉬 유얼 베지터블스.

go to: ~에 가다 park: 공원 if: 만약 finish: 끝내다 don't finish: 끝내지 않다

③ 이번에는 한국어 뜻을 한번 읽고, 한글로 표기된 발음을 보며 처음에는 천천히 또박또박 5번, 그리고 좀더 빠른 속도로 또 5번 읽어봅니다. (영어 발음기호 p191 참조)
④ 이제 QR코드를 통해 원어민 소리를 듣고 똑같이 따라 읽어 보세요.
⑤ 이렇게 소리 그대로 표기된 한글 발음을 내 입으로 여러번 연습하면 가장 정확한 원어민 발음으로 말할 수 있습니다.
⑥ 아래 문장으로 한 번 더 연습해보세요.

예시 2

이런, 카이유가 사라질 리가 없는데 초콜릿 푸딩을 먹고 있을 때는 말야.

Well, it's not like Caillou to disappear when we're having chocolate pudding.

웰, 이츠낱 라잌 카이유루 디쓰어피얼 웬 위얼 해빙 쵸콜릩 푸딩.

disappear: 사라지다 when: ~할 때 have: 먹다 are having: 먹고 있다

패턴

나는 그에게 관심이 많습니다.
아임 인터레스티딘 힘.
I'm interested in him.
에스또이 인떼레싸다 엔 엘
Estoy interesada en él.
워 뚜이 타/ 헌 간 씽 취.
我对他很感兴趣。
와따시와 가레니 간신가 아리마스.
私は彼に関心があります。

나는 중국 문화에 관심이 많습니다.
아임 인터레스티딘 좌이니즈 컬쳘.
I'm interested in Chinese culture.
에스또이 인떼레싸다 엔 라 꿀뚜라 치나.
Estoy interesada en la cultura china.
워 뚜이/ 쭝 궈 원 화/ 헌 간 씽 취.
我对中国文化很感兴趣。
와따시와 쮸우고꾸분까니 간신가 아리마스.
私は中国文化に関心があります。

01

나는 ~에 관심이 많습니다
아임 인터레스티딘 ~
I'm interested in ~
에스또이 인떼레싸도 엔 ~
Estoy interesado en ~
워 뚜이~ 헌 간 씽 취
我对~很感兴趣
와따시와 ~니 간신(싱)가 아리마스
私は ~に関心があります

나는 비디오 촬영에 관심이 많습니다.
아임 인터레스티딘 테이킹 비디오ㅈ.
I'm interested in taking videos.
에스또이 인떼레싸다 엔 라 그라바씨온 데 비데오스.
Estoy interesada en la grabación de videos.
워 뚜이/ 스 핀 서 잉/ 헌 간 씽 취.
我对视频摄影很感兴趣。
와따시와 비데오 사쯔에이니 간신가 아리마스.
私はビデオ撮影に関心があります。

나는 당신에게 관심이 없습니다.
아임 낱 인터레스티딘 유.
I'm not interested in you.
노 에스또이 인떼레싸다 엔 띠.
No estoy interesada en ti.
워 뚜이 니/ 뿌 간 씽 취.
我对你不感兴趣。
와따시와 아나따니 간신가 아리마셍.
私はあなたに関心がありません。

당신은 무엇에 관심이 많습니까?
와랄유 인터레스팉 인?
What are you interested in?
엔 께 떼 인떼레싸?
¿En qué te interesa?
니 뚜이 선 머/ 간 씽 취?
你对什么感兴趣？
아나따와 나니니 간신가 아리마스까?
あなたは何に関心がありますか?

나는 정치에 관심이 많습니다.
아임 인터레스팉 인 팔러틱쓰.
I'm interested in politics.
에스또이 인떼레싸도 엔 라 뽈리띠까.
Estoy interesado en la política.
워 뚜이 쩡 쯔/ 헌 간 씽 취.
我对政治很感兴趣。
와따시와 세이지니 간신가 아리마스.
私は政治に関心があります。

122

이솝우화

영어

A crow was sitting on a tree branch with a piece of delicious cheese in its mouth.

까마귀 한 마리가 입에 맛있는 치즈를 한조각 물고 나뭇가지 위에 앉아 있었어요.

어 크로우 워즈 씨딩 온어 트리 브랜치 위드어 피쓰업 딜리셔스 취즈 인이츠 마우쓰.

crow 까마귀 was ~ing ~하고 있었다 sit on ~위에 앉다 tree 나무 branch 가지
a piece of ~의 한 조각 delicious 맛있는 its 그것의 mouth 입

중국어

一只乌鸦嘴里叼着一块儿好吃的奶酪，

yì zhī wū yā zuǐ lǐ diāo zhe yí kuàir hǎo chī de nǎi lào,

이 쯔/ 우 야/ 쮀이 리/ 따오 저/ 이 콸/ 하오 츠 더/ 나이 라오,

까마귀 한 마리가 입에 맛있는 치즈를 한 조각 물고,

一只(yì zhī) 한 마리 乌鸦(wū yā) 까마귀 嘴(zuǐ) 입 叼(diāo) 입에 물다 奶酪(nǎi lào) 치즈
동사+着(zhe) ~하고 있었다(진행형) 一块(yí kuài)~의 한 조각 好吃的(hǎo chī de) 맛있는

站在一根树枝上。

zhàn zài yì gēn shù zhī shàng。

짠 짜이/ 이 껀/ 수 쯔 상.

나뭇가지 위에 앉아 있었어요.

站(zhàn) 서다 在…上(zài...shàng) ~위에 一根(yì gēn) 한 줄기 树枝(shù zhī) 나무 가지

일본어

カラスが 美味(おい)しい チーズを 口(くち)に 加(くわ)えて 木(き)の枝(えだ)に 止(と)まっていました。

까마귀가 맛있는 치즈를 입에 물고 나뭇가지에 앉아 있었습니다.

가라쓰가 오이시이 치-즈오 구찌니 구와에떼 기노에다니 도맏떼이마시따.

カラス 까마귀 ~と ~와 ~が ~가 美味しい 맛있다 チーズ 치즈 ~を ~를 口 입
~に ~에 加えて 물고 木 나무 ~の ~의 枝 가지 加えて 물고 止まる 머무르다

훈련 프로그램

1. SNS 채널 안내

유튜브: '한글로영어 공식유튜브' 장춘화 원장 공개강좌 5강 필수 시청

네이버카페: cafe.naver.com/han1905

'한글로영어 공식카페' 아이들 3개국어 훈련영상 실시간 업로드

네이버밴드: band.us/@hangloenglish

'한글로영어 위대한엄마' 전국 학부모님들 실시간후기

네이버블로그: blog.naver.com/112nanury

'한글로영어 공식블로그' 행사일정 및 최신후기

인스타그램: @hanglo_english

한글로영어 교육컨텐츠 구독

2. 영어 중국어 무료 집중훈련(Zoom)

격주 토요일 오후 1~3시, Zoom 화상교육, 예약 접수(선착순 인원 제한)

무료 참가, 전화신청 1670-1905

3. 영어 중국어 3주 집중훈련(Zoom)

3주간 매주 월목, 저녁 7~10시, 총 6회 18시간, Zoom 화상교육

아이와 부모님이 함께 하는 3주간의 진짜 말문이 트이는 프로그램

한글로영어 교재 사용, 가정과 공부방에서 바로 적용할 수 있는 외국어 교습법 안내

유료 참가, 전화신청 1670-1905

참고문헌

장춘화 김종성, "원어민도 깜짝 놀란 기적의 한글영어", 원타임즈, 2001

김종성 장춘화, "세종대왕의 눈물", 한GLO, 2017

이문장, "혀 훈련으로 완성하는 이문장 영어비법", 동아일보사, 2015

존 카우치, 제이슨타운, 김영선, 교실이 없는 시대가 온다, 어크로스출판그룹, 2019

오강선, 하버드 시대의 종말과 학습 혁명, 클라우드나인, 2020

EBS 다큐프라임 미래학교 제작진, 미래학교, 그린하우스, 2019

황농문, 저절로 몸에 새겨지는 몰입영어, 위즈덤하우스, 2018

김태영, "영어교육을 알면 영어가 보인다", 글로벌콘텐츠, 2016

임규혁, "교육심리학", 학지사, 1996

김판수. 백현기, "공부의 절대시기-자기주도 학습법", 교육과학사, 2007

김형엽. 이현구. 김현진, "언어, 그 신비로운 세계", 경진문화사, 2002

최연숙, "민담. 상징. 무의식", 知&智, 2007

가오더, "세뇌술" 작은씨앗, 2014

크리스티아네 슈탱거, "기적의 기억법", 글로세움, 2006

엘렌 랭어, "마음챙김 학습혁명", 더퀘스트, 2016

박광희. 심재원, "영어 낭독훈련에 답이 있다", 사람in, 2009

김태영, "영어교육을 알면 영어가 보인다", 글로벌콘텐츠,

박성희, "동화로 열어가는 상담이야기", 학지사, 2001

박성철. 차혜원, "영어공부 무조건 따라하지마", 글로세움, 2005

복거일, "영어를 공용어로 삼자-복거일의 영어 공용론", 삼성경제연구소, 2003

공병호, "10년후, 한국", 해냄, 2004

공병호, "3년후, 한국은 없다", 21세기북스, 2016

최정화. 이채연, "외국어, 내 아이도 잘할 수 있다", 조선일보사, 2004

조화유, "영어 정면 돌파 작전", 월간조선사, 2001

최경봉. 시정곤. 박영준, "한글에 대해 알아야 할 모든 것", 책과 함께, 2008

시정곤. 정주리. 장영준. 박영준. 최경봉, "한국어가 사라진다면", 한겨레신 문사, 2003

박영준. 시정곤.정주리.최경봉, "우리말의 수수께끼", 김영사, 2002

이청승, "세종에게 길을 묻다", 일진사, 2011

정광, "조선시대의 외국어교육", 김영사, 2014

정광, 한글의 발명, 김영사, 2015

윤내현, "고조선, 우리 역사의 탄생", 만권당, 2016

박성학, "콩글리쉬 클리닉", 울력, 2001

하광호, "영어의 바다에 빠뜨려라", 에디터, 1995
박웅걸, "HUGH의 한국말로 영어하기", 이비톡, 2009
김형종, "테필린", 솔로몬, 2013
전성수, "자녀교육혁명 하브루타", 두란노, 2012
전성수. 양동일, "질문하는 공부법 하브루타", 라이온북스, 2014
테시마 유로, "유대인 최강 두뇌 학습법", 나래북, 2013
슈뮬리 보테악, "유태인가족대화", 랜덤하우스, 2009
로스실로, "유태인의 천재교육", 나래원, 1988
최영원, "영어독서가 기적을 만든다", 위즈덤트리, 2014
문용, "한국영어교육사(1883~1945)", 성곡논총 제7집, 1976, p636.
박부강 "한국의 영어교육사 연구(1883~1945)", 서울대교육대학원 석사. 1974
시노부 준페이, "한반도", 박양호, "구한말 이후 영어교육에 관한 소고", 동래여자전문대 논문집6집, 1987
경향신문 1954년7월25일자.
남기춘, "언어와 뇌: 외국어 학습기제 이해하기", 〈2003 한국심리학회
심포지움〉, 한국심리학회, 2003
서유헌, "뇌 발달에 따른 교육", 〈2003 한국심리학회 심포지움〉, 한국심리 학회, 2003
김영철, "영어 조선을 깨운다 1", 일리, 2011
김영철, "영어 조선을 깨우다 2", 일리, 2011
임규혁, "교육심리학", 학지사, 2000
이광수, "규모의 인-윤치호씨" 동광10호, 1927
이종배, "한국의 영어 발달에 관한 연구", 우석대, 1969
한학성, "우리나라 외국어 교육의 전통과 19세기말 유럽의 개혁교수법" 민족문화연구 51호, 2009
정광, "조선시대의 외국어교육", 김영사, 2014
한학성, "우리나라 외국어 교육의 전통과 19세기말 유럽의 개혁교수법", 민족문화연구 51호, 2009
김원모, "이종응의 서사록과 서유견문록 해제", 동양학32집, 2002
에란 카츠, 박미영역, "수퍼 기억력의 비결-기네스북에 오른 기억력의
천재 에란카츠", 황금가지, 2008
세바스티안 라이트너, 안미란역, "공부의 비결", 들녘, 2004
James Clear, Atomic Habits: An Ease & Proven Way to Build Good Habits & Break Bad Ones, 2018
Wendy Wood, Good Habit Bad Habit, 다산북스, 2019
Paul Whitmey, 이승복. 한기선역, "언어심리학", 시그마프레스, 1999
Bruno Bettelheim,"The Uses of Enchantment: The meaning and impotance of fairy tales", Alfred A. Knopt, New York, 1977, "한국심리학회 심포지움- 언어와뇌: 외국어학습기제 이해하기" 2003

Basil Hall,Account of a Voyage of Discovery to the West Coast of Corea and to the Great Loo-choo Island, 1818

바실홀, "10일간의 항해기", 김석중 엮음, 삶과 꿈, 해양학에서 본 한국학, 해조사, 1988

Karl Firdrich August Gutzlaff, Chinese Repository vol.1, 1833. 이기문 "19세기 서구학자들의 한글연구" 학술원논문집 39집, 2000

H. H. Underwood, Modern Education in Korea, 1926

김남중, "찌아짜아어 한글교과서 만든 이호영교수", 국민일보 2009년 8월 6일자

염강호. 이석호. 박승혁. 채민기. 한경진, "심층리포트-조기유학 1세대의

현주소", 조선일보 2009년 6월23일~30일 5회연재

이미도, "만화영화 보면서 영어놀이 할까?", 조선일보 2005년11월14일자

이한수, "글 없는 백성 어엿비.. 세종의 뜻, 세계에 펼치다", 조선일보 2009년 8월 7일자

좔~ 말이되는
한글로영어

발행일 2020년 12월 1일 초판 1쇄
2024년 9월 23일 초판 5쇄

지은이 김종성 장춘화
펴낸이 장춘화
펴낸곳 한GLO

주소 서울시 용산구 한강대로 372 A동 501호
전화 02 1670 1905
팩스 02 2272 1905
홈페이지 www.한글영어.kr
등록 2016년 7월 4일 (제 2016-000063호)

ISBN 979-11-90593-10-6 03700

* 가격은 뒤표지에 있습니다.
* 잘못 만들어진 책은 구입처에서 바꾸어 드립니다.